Dictionary of Vegetable Recipes

どんな野菜も10分で新しい味になる

# 野菜のレシピ事典

野菜料理研究家　miki

## はじめに

結婚して毎日食事を作るようになり、「栄養バランス」を考え、
「食費」をかけずに、「食材」を使いきることの大変さを初めて知りました。

食材を買いすぎて、使いきれずに傷んでしまうことも多々ありました。
他の食材を買い足し、残った食材と組み合わせて料理をしても、
今度は買い足した食材が残ってしまうという悪循環に、
自己嫌悪に陥る日々が続きました。

冷蔵庫に残っていたにんじ
ん。これが私に野菜料理の
楽しさを教えてくれました。

そんなあるとき、冷蔵庫ににんじんがポツンと残っていました。
「今、ある食材だけで何かできないかな」。
そう考えて作った一品が「にんじんもち」です。

にんじんの皮をむき、トントンと軽快に刻みます。

にんじんもちに使う食材は、にんじんだけ。
野菜1つでもおいしいおかずが作れることに気がつき、
自信がもてるようになりました。

それから野菜料理を研究しはじめ、作った料理は300以上。
誰かに見せたくてインスタに投稿したら、徐々にフォロワーが増えていきました。

この本に載っているレシピは、
「冷蔵庫に残っている
材料だけでおいしいものを」
との思いから作りはじめた
料理ばかりです。

にんじんを電子レンジで
やわらかく蒸し、熱いう
ちにマッシュ。

マッシュしたにんじんは
まん丸にしてから上下を
平らにして形を整えます。

《忙しくて料理をする時間がない》
《料理が苦手》という人のために、
料理のハードルを少しでも下げたくて、
電子レンジやフライパン1つで
簡単に作れるレシピを多数掲載しました。
調理時間もほぼ10分以内におさまります。

フライパンでこんがり焼
いて、甘辛いたれをジュ
ワッと絡めます。

《いつもおかずがワンパターンになってしまう》という人のために、
同じ野菜でも部位ごとに使い方を変えたり
切り方を変えたりするだけで、食感や風味の異なる
新しい味が生まれることもたっぷりお伝えしています。

冷蔵庫に野菜が残っているとき。

あと1品何か作りたいとき。

野菜のおかずのレパートリーを増やしたいとき。

困ったときは、この本に相談してみてください。

miki

（ 1食材 ）

## にんじんもち （ マッシュ ）

【 材料 ● 2人分 】

| | | |
|---|---|---|
| にんじん | 2本 |
| A 片栗粉 | 大さじ3 |
| 塩 | ひとつまみ |
| サラダ油 | 大さじ1 |
| B しょうゆ | 大さじ2 |
| みりん | 大さじ2 |
| パセリ（みじん切り） | 適量 |

1) にんじんは皮をむいて2cm角に切る。

2) 耐熱容器に1)と水大さじ1（分量外）を入れてラップをふんわりかけ、電子レンジで5分加熱する。

3) 2)のラップを外してマッシャーでつぶし、Aを加えて混ぜ、6等分にして丸め、平らにする。

4) フライパンにサラダ油を中火で熱し、3)を片面2分ずつ焼き、Bを加えて絡める。器に盛り、パセリを飾る。

# Contents

# CHAPTER 3
# 葉野菜のレシピ ――――

# CHAPTER 4
# 実野菜のレシピ ———— 105

# CHAPTER 7

*Staff*　デザイン_松浦周作（mashroom design）
　　　　撮影_市瀬真以（カバー、はじめに、ハウツー）
　　　　　　　miki（料理、一部コラム）
　　　　スタイリング_木村 遥（カバー、はじめに、ハウツー）
　　　　調理アシスタント_川端菜月
　　　　校正_みね工房
　　　　編集協力_墨東作文室
　　　　編集_仲田恵理子

撮影協力_UTUWA　03-6447-0070

## 本書の使い方

● 大さじ 1 = 15㎖、小さじ 1 = 5㎖、1 合 = 180㎖です。

● 電子レンジの加熱時間は 600W の場合の目安です。機種により加熱時間が異なるので、取扱説明書の指示に従い、様子を見ながら調理してください。

● オーブントースターの加熱時間は 1000W の目安です。W 数が異なるときは、様子を見ながら調理してください。

● フライパンは鉄製を使用していますが、コーティング加工を施してあるものでもかまいません。

● 食材を洗う、野菜の皮をむく、へたや種を取るなど、基本的な下ごしらえは作り方から省略している場合もあります。適宜行ってください。

● 材料表の塩は自然塩、こしょうは白こしょう、しょうゆはこいくちしょうゆ、みそは自家製のものを使用しています。

● おろしにんにく、おろししょうがは市販のチューブのもので代用できます。にんにく、しょうがともに 1 かけ = 3㎝が目安です。

● 保存期間は目安です。環境、季節、冷蔵庫の温度などの条件によって、保存期間に差が出ることがあります。

●「miki流　部位別／切り方別使い方のコツ」を紹介している野菜には、使用部位、もしくは切り方がわかるアイコンを料理名のそばに掲載しています。

●「miki流　部位別／切り方別使い方のコツ」における「オールマイティ」の表記は、煮もの、揚げもの、炒めもの、サラダ、スープなど、どんな調理法にも使いやすいことを示しています。

───────── 料理名の上のマークは、次の9種となります。 ─────────

| | |
|---|---|
| 人気 | 著者の Instagram で最も反響があったベストレシピです。 |
| 1食材 | 使う食材は 1 種類だけ。思いたったらすぐに作れます。 |
| ポリ袋 | 材料をポリ袋に入れてもみ込めば、調理完了。洗いものも少なくてラクチンです。 |
| フライパン | フライパンは時短料理の強い味方。炒める、焼く、煮る、揚げるなど、さまざまな調理に使えます。 |
| 電子レンジ | 蒸す、煮るはもちろん、下ゆでや乾燥など、レンジの機能をフル活用。 |
| 時短 | いつもより「早く」「おいしく」作れる調理のコツが隠れています。 |
| トースター | 加熱調理はトースター任せ。こんがりおいしいおかずが、誰でもカンタンに。 |
| 5分以内 | 時間がないときに大助かりのレシピ。あと一品ほしいときにもおすすめ。 |
| 炊飯器 | お米と一緒に具材をセットするだけ。大満足のご飯メニューが作れます。 |

＊複数のマークが該当するレシピについては、特に強調したい内容に連動したマークを掲載しています。

# CHAPTER 1

Japanese White Radish, Turnip, Burdock, Carrot, Lotus Root

## 根菜のレシピ

# 大 根

*Japanese*
*White Radish*

👉 1本（30〜40cm）＝ 1000g

miki流
## 部位別
### 使い方のコツ

**皮**

捨てずに取っておき、ある程度
たまったらきんぴらや和えもの
に。シャキッとした歯ごたえが
クセになります。

**真ん中**

最も味のバランスがいいのはこ
の部位。甘みも辛みも歯ごたえ
のバランスもベストです。大根
がメインのおかずにはこの部位
を使っています。

**下部**

水分が少なくて辛みが強いので、
火を通すおかずに使います。大
根の辛みを料理に生かしたいと
きにも。味が濃いおかずに向い
ています。

## きんぴら

## オールマイティ
### （煮もの、炒めもの、揚げもの）

## 味が濃いおかず

ふりかけ

**葉**

栄養が豊富なので、捨てずに料
理に使います。うちではふりか
けが定番ですが、みそ汁の具や
チャーハンにも。

サラダ

**上部**

甘くてみずみずしいので、生食
向きです。サラダや漬けものは
もちろん、大根おろしにしても
甘みたっぷり。

---

（ ポリ袋 ）

# ゆず大根　上部

ゆずがふわりと香る

【 材料 ● 作りやすい分量 】

| | |
|---|---|
| **大根**⋯⋯⋯⋯⋯ | 400g |
| ゆず⋯⋯⋯⋯⋯ | 1個 |
| すし酢⋯⋯⋯⋯ | 大さじ2 |
| 砂糖⋯⋯⋯⋯ | 大さじ1 |
| 塩⋯⋯⋯⋯ | 小さじ1 |
| 唐辛子（輪切り）⋯ | 2本分 |

1）大根は皮をむき、1cm幅のスティ
　ック状に切る。ゆずは果汁を絞り、
　皮はせん切りにする。

2）ポリ袋に全ての材料を入れ、冷蔵
　室に半日置いて味をなじませる。
　（冷蔵で5日間保存可）

縦書き：CHAPTER-1 根菜のレシピ

〔 5分以内 〕

# 大根の明太のせ

上部

明太子の塩けで
大根が一層おいしくなります

〔 フライパン 〕

# 大根と生ハムの
# 春巻き 真ん中

生ハムが具と調味料の二役こなす

【 材料 ● 2人分 】

大根 ──────── 40g
明太子 ──────── 1/3 腹 (20g)
小ねぎ (小口切り) ── 適量

1） 大根は皮をむき、スライサーで薄い輪切り
　　にし、器に盛る。
2） 大根の上に明太子、小ねぎをのせる。

【 材料 ● 10本分 】

大根 ──────── 200g
生ハム ──────── 10 枚
春巻きの皮 ──── 10 枚
黒こしょう ──── 適量
揚げ油 ──────── 適量

1） 大根は皮をむき、太めのせん切りにする。
2） 春巻きの皮を広げ、生ハム、大根の順に等
　　分に重ねて置き、黒こしょうをふって巻く。
3） フライパンの深さ1cmまで揚げ油を注いで
　　170℃に熱し、2）を入れて片面3分ずつ揚
　　げ焼きにする。

## 大根のかき揚げ

フライパン

真ん中

## 大根ポトフ

時短

真ん中

大根のシャキシャキと
揚げ玉のザクザク

大根は下ゆでの代わりに
レンチンで時短調理

【 材料 ● 2人分 】

| | |
|---|---|
| **大根** | 300g |
| 青のり | 大さじ1 |
| 揚げ玉 | 大さじ2 |
| 片栗粉 | 大さじ2 |
| 揚げ油 | 適量 |
| 天つゆ | 適量 |
| 塩 | 適量 |

1) 大根は皮をむき、せん切りにする。
2) ボウルに1)、青のり、揚げ玉、片栗粉を入れて混ぜる。
3) フライパンの深さ1cmまで揚げ油を注いで180℃に熱し、2)をひと口大の大きさにまとめて入れ、片面2分ずつ揚げる。
4) 3)の油をきり、天つゆと塩を添える。

【 材料 ● 2人分 】

| | |
|---|---|
| **大根** | 300g |
| ソーセージ（大） | 2本 |
| 水 | 400㎖ |
| 顆粒コンソメスープの素 | 大さじ1 |
| 塩 | 少々 |
| こしょう | 少々 |

1) 大根は皮をむき、1cm幅のいちょう切りにする。ソーセージは2cm幅に切る。
2) 大根と水大さじ1（分量外）を耐熱容器に入れてラップをふんわりかけ、電子レンジで5分加熱する。
3) 2)と他の材料を鍋に入れて中火にかけ、ふたをして10分ほど煮る。

CHAPTER 1 ── 根菜のレシピ

## 大根のさっぱり
## 豚肉巻き　下部

レンジ加熱で
ジューシーに仕上がります

## 大根の
## 皮きんぴら　皮

皮のシャキシャキがクセになる

【 材料 ● 2人分 】

| | | |
|---|---|---|
| **大根** | | 200g |
| 豚ロース薄切り肉 | | 10枚 |
| 大葉 | | 10枚 |
| | めんつゆ (2倍濃縮タイプ) | 90mℓ |
| | 酢 | 大さじ1 |
| A | オイスターソース | 大さじ½ |
| | おろししょうが | 小さじ1 |

1) 大根は皮をむき、5〜6cm長さのせん切り
にする。

2) 豚肉を広げ、大葉、大根の順に等分に重ね、
手前から巻く。

3) 耐熱容器に2)を並べ、Aを混ぜてかける。
ラップをふんわりかけ、電子レンジで5分
加熱する。

【 材料 ● 作りやすい分量 】

| | | |
|---|---|---|
| **大根の皮** | | 100g |
| ごま油 | | 小さじ1 |
| | みりん | 大さじ1 |
| A | しょうゆ | 大さじ1 |
| | 砂糖 | 小さじ1 |

1) 大根の皮はせん切りにする。

2) フライパンにごま油を中火で熱し、1)を炒
める。

3) 全体に火が通ったらAを入れ、汁けがなく
なるまで炒める。（冷蔵で3日間保存可）

5分以内

# 大根の皮の 梅和え 皮

梅干しの酸味とごま油のコクで
いくらでも食べられる！

電子レンジ

# 大根葉の ふりかけ 葉

レンジ加熱で葉の水分が
抜けてパラパラに

【 材料 ● 作りやすい分量 】

| | |
|---|---|
| **大根の皮** | 100g |
| 梅干し | 1個 |
| A ┌ めんつゆ（2倍濃縮タイプ） | 大さじ1 |
| └ ごま油 | 大さじ1 |

1) 大根の皮はせん切りにする。梅干しは種を
   取り除き、果肉を包丁で細かくたたく。
2) ボウルに梅干しとAを入れ、よく混ぜる。
3) 2)に1)を加えて和える。（冷蔵で3日間保
   存可）

【 材料 ● 作りやすい分量 】

| | |
|---|---|
| **大根の葉** | 10cm分 |
| 削り節 | 1袋（2g） |
| 塩 | 適量 |

1) 大根の葉はみじん切りにし、キッチンペー
   パーで水けをふく。
2) 1)を耐熱容器に重ならないように広げ、ラ
   ップをかけずに電子レンジで3分加熱する。
3) 2)に削り節と塩を加えて混ぜる。（冷蔵で
   5日間保存可）

# か　ぶ

*Turnip*

🥕 1個 =80g

miki流
## 切り方別
使い方のコツ

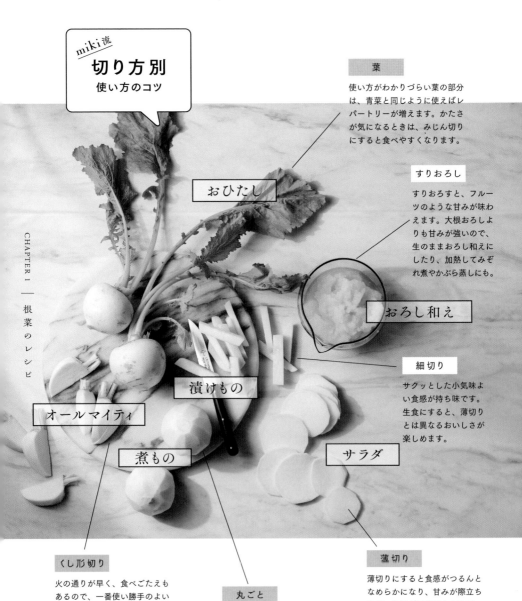

**葉**

使い方がわかりづらい葉の部分は、青菜と同じように使えばレパートリーが増えます。かたさが気になるときは、みじん切りにすると食べやすくなります。

おひたし

**すりおろし**

すりおろすと、フルーツのような甘みが味わえます。大根おろしよりも甘みが強いので、生のままおろし和えにしたり、加熱してみぞれ煮やかぶら蒸しにも。

おろし和え

**細切り**

サクッとした小気味よい食感が持ち味です。生食にすると、薄切りとは異なるおいしさが楽しめます。

漬けもの

オールマイティ

煮もの

サラダ

**くし形切り**

火の通りが早く、食べごたえもあるので、一番使い勝手のよい切り方です。ディップなどをつけて生食してもおいしい。

**丸ごと**

外側はトロトロで、中はジューシー。2段階でかぶのおいしさを楽しめます。

**薄切り**

薄切りにすると食感がつるんとなめらかになり、甘みが際立ちます。サラダや漬けものなど、生食に向いています。

ポリ袋

# かぶの浅漬け

薄切り

**【 材料 ● 作りやすい分量 】**

**かぶ**───── 1 個

A ┌ すし酢 ─── 大さじ2
　└ 白だし ─── 大さじ1

1） かぶは皮をむき、薄切りにする。
2） ポリ袋に1)とAを入れ、冷蔵室に30分以上置き、味をなじませる。（冷蔵で5日間保存可）

すし酢と白だしですぐ作れる！

1食材

# ピリ辛かぶら

細切り

**【 材料 ● 作りやすい分量 】**

**かぶ**───────── 2個

A ┌ すし酢 ─────── 大さじ2
　│ ごま油 ─────── 大さじ1
　│ しょうゆ ────── 大さじ1
　│ 砂糖 ──────── 小さじ1
　└ 唐辛子（輪切り）── 2本分

1） かぶは細切りにする。
2） ポリ袋に1)とAを入れ、冷蔵室に30分以上置き、味をなじませる。（冷蔵で3日間保存可）

ピリッと辛い中華風味

( フライパン )

# かぶと海の幸の
# クリーム煮 くし形切り

【 材料 ● 2人分 】

| | |
|---|---|
| **かぶ** | 2個 |
| むきえび | 10尾 |
| あさり（むき身） | 50g |
| オリーブオイル | 大さじ1 |
| ┌ 牛乳 | 300㎖ |
| 小麦粉 | 大さじ2 |
| A 顆粒鶏がらスープの素 | 小さじ1 |
| 塩 | 小さじ½ |
| └ こしょう | 少々 |
| パセリ（みじん切り） | 適量 |

1) かぶは皮をむき、くし形切りにする。

2) フライパンにオリーブオイルを中火で熱し、かぶを炒める。火が通ったら、むきえびとあさりを加え、火が通るまで炒める。

3) ボウルにAを入れ、泡立て器でよくかき混ぜる。2)に加えてよく混ぜ、煮立ったら1分煮る。器に盛り、パセリを飾る。

ほぼ煮込まないのに、
まるでシチュー！

( 電子レンジ )

# 丸ごとかぶ
# そぼろあん 丸ごと

【 材料 ● 2人分 】

| | |
|---|---|
| **かぶ** | 2個 |
| 鶏ひき肉 | 100g |
| 水 | 100㎖ |
| 顆粒和風だしの素 | 小さじ1 |
| しょうゆ | 小さじ½ |
| みりん | 小さじ1 |
| 塩 | ひとつまみ |
| ┌ 片栗粉 | 小さじ1 |
| A 水 | 大さじ1 |
| 小ねぎ（小口切り） | 適量 |

1) かぶは皮をむく。

2) Aと小ねぎ以外の材料を耐熱ボウルに入れ、ラップをぴたっとかけ、電子レンジで10分加熱する。

3) Aを混ぜて2)に加え、よく混ぜる。器に盛り、小ねぎをのせる。

レンチンでしっとりジューシー

# レンジで
# かぶら蒸し ［すりおろし］

【 材料 ● 2人分 】

| | | |
|---|---|---|
| **かぶ** ┈┈ 1個 | | |
| 卵白 ┈┈ 1個分 | | |
| 白身魚 ┈┈ 200g | | |
| （真だらなど） | | |

A ┌ 酒 ┈┈ 大さじ1
　└ 塩 ┈┈ 小さじ⅓

B ┌ 水 ┈┈ 200㎖
　│ 白だし ┈┈ 大さじ1
　│ みりん ┈┈ 小さじ1
　└ しょうゆ ┈┈ 小さじ1

C ┌ 水 ┈┈ 大さじ1
　└ 片栗粉 ┈┈ 小さじ2

小ねぎ ┈┈ 適量
（小口切り）

1）　かぶはすりおろして水けをきり、卵白を
　　　混ぜる。
2）　白身魚は**A**をふって耐熱皿に入れ、1）を
　　　のせてラップをふんわりかけ、電子レン
　　　ジで3分加熱して器に盛る。
3）　別の耐熱容器に**B**を入れ、ラップをふん
　　　わりかけ、電子レンジで2分加熱する。
4）　3）に**C**を加えて混ぜ、とろみがついたら
　　　2）にかけ、小ねぎをのせる。

手が込んでいそうな
かぶら蒸しも、レンジで簡単

# かぶの葉の
# 漬けもの ［葉］

【 材料 ● 作りやすい分量 】

**かぶの葉** ┈┈ 50g

A ┌ 塩昆布 ┈┈ 3g
　└ ごま油 ┈┈ 小さじ1

1）　かぶの葉はみじん切りにする。
2）　ポリ袋に1）と**A**を入れ、冷蔵室に30分以
　　　上置いて味をなじませる。（冷蔵で3日
　　　間保存可）

しんなりしたら食べごろ

# ご ぼ う

*Burdock*

1本＝150g

漬けもの

オールマイティ

筒切り

ごぼうのうまみをそのまま味わ
うには筒切りが一番。コリッと
した食感とごぼう独特の風味が
楽しめます。

## 炒めもの

### 四つ割り

筒切りでは太いけれど、細切り
だと頼りないというときに。食
感も風味も残したいときに適し
た切り方です。

## 炒めもの

### ピーラー

ピーラーでむくと、かたいごぼ
うがふわふわの食感になります。
炒めたりゆでたりするほか、油
で揚げればチップスのようにパ
リパリに。

### せん切り

食べやすくて火の通りも早い、
万能な切り方です。炒めものや
かき揚げ、みそ汁など何にでも
使えます。

1食材

# ごぼうの漬けもの 筒切り

【 材料 ● 作りやすい分量 】

ごぼう ‥‥‥‥‥‥‥‥‥‥ 2本

A ─ めんつゆ（2倍濃縮タイプ）‥‥ 大さじ4
  酢 ‥‥‥‥‥‥‥‥‥‥‥ 大さじ1
  砂糖 ‥‥‥‥‥‥‥‥‥‥ 小さじ1
  ─ 唐辛子（種を取る）‥‥‥‥‥ 1本

1) ごぼうは皮をこそげて3cm長さの筒切りにする。
2) たっぷりの湯で1)を2〜3分ゆで、ざるに上げて粗熱を取る。
3) ポリ袋に2)とAを入れ、冷蔵室に30分以上置いて味をなじませる。（冷蔵で5日間保存可）

パリポリ食感が後を引く

フライパン

# 揚げごぼうと蒸し鶏のサラダ ピーラー

【 材料 ● 2人分 】

ごぼう ‥‥‥ 1本
鶏ささみ ‥‥ 3本
酒 ‥‥‥ 小さじ1
揚げ油 ‥‥ 適量
パセリ ‥‥ 適宜
（みじん切り）

A ─ すり白ごま ‥‥ 大さじ3
  マヨネーズ ‥‥ 大さじ1
  白だし ‥‥‥ 小さじ1
  練り辛子 ‥‥ 小さじ1
  ─ 塩 ‥‥‥‥‥ 少々

1) ごぼうは皮をこそげてピーラーで薄切りにする。水にさらしてあくを抜き、水けをきる。
2) フライパンの深さ1cmまで揚げ油を注いで180℃に熱し、1)を3〜4分揚げ焼きにする。
3) 耐熱容器にささみと酒を入れ、ラップをふんわりかけ、電子レンジで3分加熱する。粗熱が取れたら割く。
4) ボウルにAを入れて混ぜ、2)と3)を和える。あればパセリをのせる。

デパ地下にありそうな高級感！

ごぼうをパスタに見立てて、ペペロンチーノ味に

（ フライパン ）

# ごぼうのペペロンチーノ

（ ピーラー ）

【 材料 ● 2人分 】

| | |
|---|---|
| **ごぼう** | 1本 |
| にんにく | 1かけ |
| オリーブオイル | 大さじ2 |
| 唐辛子（輪切り） | 1本分 |
| A ┌ 顆粒鶏がらスープの素 | 小さじ¼ |
| └ しょうゆ | 小さじ1 |

1) ごぼうは皮をこそげてピーラーで薄切りにし、酢水（分量外）にさらし、水けをふく。

2) にんにくは粗みじんに切る。

3) フライパンにオリーブオイルを中火で熱し、にんにくと唐辛子を炒める。香りが出たらごぼうを炒め、火が通ったらAを加えてさらに1分炒める。

チャプチェにごぼうを加えるだけで、
おいしさランクアップ

（ フライパン ）

# ごぼうチャプチェ　せん切り

【 材料 ● 4人分 】

| | |
|---|---|
| **ごぼう** | 1本 |
| 牛切り落とし肉 | 150g |
| 春雨 | 100g |
| （さつまいものものがおすすめ） | |
| ピーマン | 1個 |
| にんじん | ½本 |
| A ┌ しょうゆ | 大さじ2 |
| 　 砂糖 | 大さじ½ |
| 　 顆粒鶏がらスープの素 | 小さじ2 |
| 　 おろしにんにく | 小さじ1 |
| 　 └ 水 | 大さじ1 |
| 　 ごま油 | 小さじ1 |

1) ごぼうは皮をこそげてせん切りにする。ピーマン、にんじんもせん切りにする。牛肉はひと口大に切る。A はよく混ぜる。

2) 春雨はたっぷりの湯で 3 分ゆでる。

3) フライパンにごま油を中火で熱し、牛肉を焼く。火が通ったら野菜を加え、しんなりするまで炒める。

4) 2) の水けをきって 3) に加え、A も混ぜて加え、全体になじむまで炒める。

( フライパン )

# ヤンニョムごぼう 四つ割り

【 材料 ● 4人分 】

| | | | |
|---|---|---|---|
| ごぼう | 2本 | 片栗粉 | 適量 |
| コチュジャン | 大さじ1 | 揚げ油 | 適量 |
| トマトケチャップ | 大さじ2 | | |
| A 砂糖 | 大さじ1 | | |
| しょうゆ | 小さじ1 | | |
| 水 | 大さじ1 | | |

1) ごぼうは皮をこそげて3㎝長さに切り、縦四つ割りにする。
2) ボウルにAを入れて混ぜる。
3) 1)にたっぷり片栗粉をまぶす。フライパンの深さ1㎝まで揚げ油を注いで180℃に熱し、ごぼうを入れて片面2分ずつ揚げる。
4) 2)に3)を加えて和える。

ヤンニョムチキンをごぼうでアレンジ

人気 ( フライパン )

# ごぼうのから揚げ 四つ割り

【 材料 ● 4人分 】

| | |
|---|---|
| ごぼう | 2本 |
| A しょうゆ | 大さじ1 |
| みりん | 大さじ1 |
| 顆粒鶏がらスープの素 | 小さじ½ |
| おろしにんにく | 小さじ1 |
| 片栗粉 | 適量 |
| 揚げ油 | 適量 |

1) ごぼうは皮をこそげて3㎝長さに切り、縦四つ割りにする。
2) ポリ袋に1)とAを入れ、2分もみ込む。
3) 2)の汁けをきり、片栗粉をたっぷりまぶす。フライパンの深さ1㎝まで揚げ油を注いで180℃に熱し、ごぼうを入れて片面2分ずつ揚げる。

食べ始めると止まらないおいしさ

# にんじん *Carrot*

🥕 1本＝150g

**細切り**

炒めものや和えもの、汁ものなど、どんな料理にも使える万能な切り方です。迷ったときはこの切り方を。

**炒めもの**

**キャロットラペ**

**煮もの**

**乱切り**

シチューやカレーに。「韓国風スパイシーキャロサラダ」(32ページ) のように、副菜も乱切りにすると、食べごたえが出てにんじん本来のおいしさが味わえます。

**せん切り**

にんじんが苦手な人におすすめ。包丁で切るよりもスライサーを使えば極細になり、より一層食べやすくなります。キャロットラペをはじめ、かき揚げやガレットなど、さまざまな料理に。

miki流
# 切り方別
使い方のコツ

にんじんもち

**マッシュ**

加熱したにんじんをマッシュします。大好きな「にんじんもち」（5ページ）のための下ごしらえの方法です。

ドレッシング

サラダ

**すりおろし**

すりおろすとにんじんであることを忘れるくらい甘くなります。ドレッシングやカレーの隠し味に。「にんじんピラフ」(37ページ)のように炊き込みご飯に加えても。

**ピーラー**

ピーラーで薄切りにすると、シャキシャキの食感に。リボン状の形もおしゃれです。サラダやマリネに向いています。

( 1食材 )

# キャロットラペ

( せん切り )

【 材料 ● 作りやすい分量 】

**にんじん**　⋯⋯⋯⋯ 2本

A ┌ すし酢　⋯⋯⋯⋯ 大さじ1
　├ オレンジジュース　⋯⋯ 大さじ1
　└ オリーブオイル　⋯⋯⋯ 大さじ1
　 パセリ（みじん切り）⋯ 適宜

1) にんじんは皮をむき、せん切りにする。

2) 1)とAを和える。あればパセリをのせる。（冷蔵で3日間保存可）

オレンジジュースを少量入れるのが
おいしさのポイント

にんじんが主役のホットサラダ

( 電子レンジ )

# 韓国風スパイシーキャロサラダ

( 乱切り )

【 材料 ● 作りやすい分量 】

**にんじん**　⋯⋯⋯⋯ 2本

ツナ缶（オイル缶）⋯⋯ 1缶（80g）

A ┌ コチュジャン　⋯⋯⋯ 大さじ1
　├ しょうゆ　⋯⋯⋯⋯ 大さじ½
　└ 塩　⋯⋯⋯⋯⋯⋯ 少々

1) にんじんは皮をむき、乱切りにする。

2) 耐熱ボウルに1)とA、ツナを油ごと入れて混ぜ、ラップをふんわりかけ、電子レンジで4分加熱する。（冷蔵で3日間保存可）

5分以内

# にんじんの
# ごま和え　細切り

【 材料 ● 2人分 】

にんじん ──────── ½本

A ┌ めんつゆ（2倍濃縮タイプ）── 大さじ1
　└ すり黒ごま ──────── 大さじ1

1) にんじんは皮をむいて細切り
　 する。
2) 耐熱容器に1)を入れてラップ
　 をふんわりかけ、電子レンジ
　 で1分加熱する。
3) 2)とAを混ぜる。

お弁当や付け合わせにちょっとほしい。
その「ちょっと」が簡単に！

10年作り続けているレシピ。
お菓子のようににんじんが甘く感じられます

人気　　トースター

# ベイクドにんじん

乱切り

【 材料 ● 作りやすい分量 】

にんじん ──────── 1本

A ┌ オリーブオイル ───── 大さじ½
　└ 塩 ─────────── 少々

1) にんじんは皮をむき、乱切り
　 にする。
2) 天板に1)を並べてAをかけ、
　 トースターで15分焼く。（冷
　 蔵で3日間保存可）

（フライパン）

# にんじんだけかき揚げ せん切り

細ければ細いほどサクサクのかき揚げに

【 材料 ● 2人分 】

にんじん …………… 2本

A ┌ 片栗粉 …………… 大さじ1
　└ 小麦粉 …………… 大さじ1

B ┌ 小麦粉 …………… 大さじ2
　│ マヨネーズ ……… 大さじ1
　└ 水 ……………… 大さじ3

揚げ油 …………… 適量

塩 ………………… 適量

1) にんじんは皮をむいてせん切りにし、Aをまぶす。

2) ボウルにBを入れて混ぜ、1)を加えて混ぜる。

3) フライパンの深さ1cmまで揚げ油を注いで180℃に熱し、2)を入れて丸く広げ、片面3分ずつ揚げ焼きにする。

4) 3)を食べやすく切り、器に盛って塩を添える。

フライパン

# チーズガレット せん切り

にんじんとたっぷりのチーズを合わせ、
カリッとしたガレットに

【 材料 ● 2人分 】

| | | |
|---|---|---|
| **にんじん** | | 1本 |
| A ┌ シュレッドチーズ | | 50g |
| └ 片栗粉 | | 小さじ2 |
| サラダ油 | | 小さじ1 |
| パセリ（みじん切り） | | 適量 |

1) にんじんは皮をむいてせん切りにする。

2) ボウルに1)と**A**を入れて混ぜる。

3) フライパンにサラダ油を中火で熱し、
   2)を丸く広げて片面2分ずつ焼く。食
   べやすく切り、パセリをのせる。

5分以内

# ひらひらマスタードマリネ ピーラー

【 材料 ● 作りやすい分量 】

**にんじん** ──────── 2本

A ┌ すし酢 ──────── 大さじ2
　├ レモン汁 ──────── 大さじ1
　├ 粒マスタード ──────── 大さじ1
　├ 塩 ──────── 小さじ½
　├ 砂糖 ──────── 小さじ1
　└ おろしにんにく ── 小さじ½
　　パセリ（みじん切り）── 適宜

1) にんじんはピーラーで皮をむき、そのまま薄切りにする。
2) ボウルにAを入れて混ぜ、1) を加えて混ぜる。あればパセリをのせる。（冷蔵で3日間保存可）

ピーラーで薄く切ると食感が変わって食べやすくなります

フライパン

# にんじんのたらこチーズ炒め 細切り

【 材料 ● 作りやすい分量 】

**にんじん** ──────── 2本

A ┌ たらこ（ほぐす）── ½腹（30g）
　├ 酒 ──────── 大さじ1
　└ しょうゆ ──────── 小さじ½
　　サラダ油 ──────── 小さじ1
B ┌ 粉チーズ ──────── 小さじ2
　└ こしょう ──────── 適量

1) にんじんは皮をむいて細切りにする。Aは混ぜる。
2) フライパンにサラダ油を中火で熱し、にんじんを炒める。火が通ったら、AとBを加えて1分炒める。

たらこの塩けとチーズのコクでにんじんがさらにおいしく

# にんじんピラフ すりおろし

彩りがきれいな炊き込みピラフ。
オムライスの中身にも

【 材料 ● 4人分 】

| | | |
|---|---|---|
| にんじん | | 1本 |
| 米 | | 2合 |
| | 顆粒コンソメスープの素 | 小さじ2 |
| A | バター | 10g |
| | 塩 | 小さじ⅓ |
| | 粉チーズ | 適量 |
| B | 黒こしょう | 適量 |
| | パセリ（みじん切り） | 適量 |

1) 米は洗って30分ほど浸水させ、水
   けをきって炊飯器の内釜に入れる。

2) にんじんは皮をむいてすりおろす。

3) 1)の2合の目盛りまで水を入れ、水
   大さじ2をすくって減らし、2)とA
   を加えて普通に炊く。（鍋で炊く場
   合は水360〜370㎖）

4) 器に盛り、好みでBをかける。

# れんこん

*Lotus Root*

1節 =180 〜 200g

**たたく**

れんこんをポリ袋に入れて
めん棒でたたきます。表面
積が増えて味がしみやすく
なります。

炒めもの

つくね

**乱切り**

ゴロゴロとした存在感が特
徴。ほかの野菜にはない、
ザクッとした歯ごたえがク
セになります。

揚げもの

オールマイティ

CHAPTER 1 ── 根菜のレシピ

炒めもの

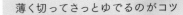
薄く切ってさっとゆでるのがコツ

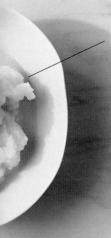

### すりおろし
ひき肉と合わせてもちもちした食感を出したり、汁にとろみをつけたり。シャキシャキとはまったく異なる表情が楽しめます。

### 輪切り
定番の薄い輪切りは、シャキシャキ食感でどんな料理にも使えます。特にサラダや和えもの、きんぴらなどに。

### 半月切り
さまざまなれんこん料理に使える切り方です。使う用途によって幅を調節してください。炒めものや煮ものなら1〜2cm幅、サラダは2〜3mm幅がおすすめ。

[ 1食材 ]

# れんこんの
# 明太マヨサラダ

[ 輪切り ]

【 材料 ● 2人分 】

| れんこん | 200g |
|---|---|
| 明太子（ほぐす） | ½腹（30g） |
| A マヨネーズ | 大さじ3 |
| しょうゆ | 小さじ½ |

1) れんこんは皮をむいて2mm幅の輪切りにし、酢水（分量外）にさらす。

2) 熱湯で1)を1分30秒ゆで、水けをきり、粗熱を取る。

3) ボウルにAを混ぜ、2)を和える。（冷蔵で2日間保存可）

すりおろしてもちもち食感に。
野菜が苦手な人にも喜ばれます

ふわふわのえびだんごです。
れんこんをすりおろして「つなぎ」に

（フライパン）

# れんこんもち

すりおろし

【 材料 ● 4人分 】

| | | |
|---|---|---|
| **れんこん** | | 200g |
| ハム | | 4枚 |
| 小ねぎ (小口切り) | | 大さじ2 |
| 片栗粉 | | 大さじ2 |
| A 顆粒鶏がらスープの素 | | 小さじ½ |
| 塩 | | 小さじ⅓ |
| こしょう | | 適量 |
| サラダ油 | | 大さじ1 |

1) れんこんは皮をむいてすりおろす。ハム
   は細切りにする。
2) ボウルに1)とAを入れて混ぜ、ひと口大
   に丸め、平らにする。
3) フライパンにサラダ油を中火で熱し、2)
   を片面2〜3分ずつ焼く。

（フライパン）

# れんこんの えびだんご

すりおろし

【 材料 ● 2人分 】

| | | |
|---|---|---|
| **れんこん** | | 100g |
| はんぺん | | 1枚 |
| むきえび | | 100g |
| マヨネーズ | | 大さじ1 |
| A 塩 | | 小さじ⅓ |
| こしょう | | 適量 |
| サラダ油 | | 大さじ1 |
| ポン酢しょうゆ | | 適量 |

1) れんこんは皮をむいてすりおろす。はん
   ぺんは袋の上からつぶし、なめらかにする。
   えびは背わたを取って粗みじんに切る。
2) ポリ袋に1)とAを入れて練り混ぜ、ひと
   口大に丸め、平らにする。
3) フライパンにサラダ油を中火で熱し、2)
   を片面2〜3分ずつ焼く。器に盛り、ポ
   ン酢しょうゆを添える。

調味はめんつゆのみ。
食感が楽しいきんぴらです

れんこんなの？と驚くほど、
食べごたえがあります

〔 1食材 〕

# たたきれんこんの
# きんぴら たたく

【 材料 ● 2人分 】

| | |
|---|---|
| **れんこん** | 200g |
| めんつゆ（2倍濃縮タイプ） | 大さじ4 |
| ごま油 | 大さじ1 |

1) れんこんは皮をむいて縦4等分に切る。ポリ袋に入れてめん棒でたたき、食べやすい大きさにする。
2) フライパンにごま油を中火で熱し、1)をこんがり焼く。火が通ったらめんつゆを絡める。

〔 1食材 〕

# れんこんから揚げ

乱切り

【 材料 ● 2人分 】

| | |
|---|---|
| **れんこん** | 200g |
| A おろしにんにく | 小さじ1 |
| みりん | 大さじ1 |
| しょうゆ | 大さじ1 |
| 顆粒鶏がらスープの素 | 小さじ½ |
| 片栗粉 | 適量 |
| 揚げ油 | 適量 |

1) れんこんは皮をむいて乱切りにする。
2) ポリ袋に1)とAを入れてもみ、5分おいて味をなじませる。
3) 2)の汁けをきり、全体に片栗粉をまぶす。
4) フライパンの深さ1cmまで揚げ油を注いで170℃に熱し、3)を4分揚げる。

（フライパン）

# れんこんと長いもの
# コクうま炒め （半月切り）

れんこんと長いもの食感の違いを味わって

【 材料 ● 4人分 】

| | | |
|---|---|---|
| **れんこん** | | 200g |
| 長いも | | 200g |
| サラダ油 | | 大さじ1 |
| A ┌ しょうゆ | | 大さじ2 |
| └ オイスターソース | | 大さじ2 |

1) れんこんと長いもは皮をむいて
　　1〜2cm幅の半月切りにする。

2) フライパンにサラダ油を中火で
　　熱し、1)の両面をこんがり焼く。

3) れんこんに火が通ったらAを加
　　え、汁けがなくなるまで炒める。

# CHAPTER 2

Potato, Sweet Potato, Taro, Chinese Yam, Onion, Japanese Leek

いも・ねぎのレシピ

# じゃがいも

*Potato*

☞ 1個 =150g

miki流

## 切り方別

使い方のコツ

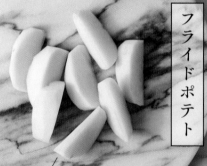

フライドポテト

オールマイティ

くし形切り

フライドポテトの定番の切り方。
ジャーマンポテトなど、焼きも
のや炒めものにも。

拍子木切り

炒めるもゆでるもよし。どんな
料理にも使えます。

## 半月切り

万能な切り方です。みそ汁や和えもの、炒めものなど、何にでも使えます。

## 乱切り

じゃがいものほくほく食感が味わえる切り方。カレーやシチューなどの煮もの、炒め煮などにも。

オールマイティ

煮もの

サラダ

ハッシュドポテト

## せん切り

じゃがいもをせん切りにすると、めんのような面白い食感になります。ゆですぎると溶けてしまうので、さっと火を通すのがポイント。サラダや炒めものに。

## みじん切り

ハッシュドポテトを作るときは、決まってみじん切りに。じゃがいも同士がくっついてカリカリさくさく食感になります。

( 1食材 )

# じゃがいもの塩昆布和え 半月切り

【 材料 ● 4人分 】

じゃがいも ……… 2個

A ┌ 塩昆布 ……… 10g
  └ ごま油 ……… 小さじ1

1) じゃがいもは皮をむいて5mm幅の半月切りにする。

2) 鍋に湯を沸かし、1)を3分ゆでる。水けをきり、Aで和える。

意外な組み合わせだけど、
リピート必至

( 電子レンジ )

# 揚げない！のりだしポテト 拍子木切り

【 材料 ● 2人分 】

じゃがいも ……… 1個

A ┌ 白だし ……… 大さじ½
  └ バター ……… 10g

青のり ……… 適量

1) じゃがいもは皮をむいて1cm幅の拍子木切りにし、水にさらして水けをきる。

2) 耐熱ボウルに1)とAを入れてラップをふんわりかけ、電子レンジで3分加熱する。

3) 2)に青のりを加えてさっと混ぜる。

フライドポテトが食べたいけど、
カロリーが気になるときはこの一品

# じゃが明太サラダ せん切り

【 材料 ● 作りやすい分量 】

**じゃがいも** ―― 2個

A ┌ 明太子（ほぐす）―― ⅔腹（50g）
　└ マヨネーズ ―― 大さじ3

塩 ―― 少々

こしょう ―― 適量

1) じゃがいもは皮をむいてせん切りにする。

2) 鍋に湯を沸かし、1)を1分30秒ゆでる。水けをきり、粗熱を取る。

3) Aを混ぜて1)を和える。塩、こしょうで味を調える。（冷蔵で3日間保存可）

シャキシャキの歯ごたえ

# ジャーマンポテト くし形切り

【 材料 ● 4人分 】

| | | |
|---|---|---|
| **じゃがいも** ―― 2個 | | マヨネーズ ―― 大さじ2 |
| 玉ねぎ ―― 1個 | A | 粒マスタード ―― 大さじ1 |
| ソーセージ ―― 6本 | | 塩 ―― 少々 |
| サラダ油 ―― 大さじ1 | | こしょう ―― 適量 |
| | | パセリ ―― 適宜 |
| | | （みじん切り） |

1) じゃがいもは皮をむいてくし形切りにする。

2) 耐熱ボウルに1)と水大さじ1（分量外）を入れてラップをふんわりかけ、電子レンジで5分加熱する。

3) 玉ねぎはくし形切りにする。ソーセージは乱切りにする。

4) フライパンにサラダ油を中火で熱し、2)と3)を炒め、火が通ったらAを加えて絡める。器に盛り、あればパセリをのせる。

大人も子どもも大好きな味。
あっという間に器が空っぽに

フライパン

# ハッシュドポテト みじん切り

【 材料 ● 2人分 】

| | | |
|---|---|---|
| じゃがいも | | 2個 |
| A ⌈ 片栗粉 | | 大さじ2 |
| 塩 | | 小さじ½ |
| ⌊ 顆粒鶏がらスープの素 | | 小さじ½ |
| サラダ油 | | 大さじ2 |
| トマトケチャップ | | 適量 |

1) じゃがいもは皮をむいてみじん切りにする。

2) ボウルに1)と**A**を入れて混ぜる。

3) フライパンにサラダ油を中火で熱し、2)を
丸く平らに広げ、片面3分ずつ焼く。

4) 3)を食べやすい大きさに切って器に盛り、
ケチャップを添える。

カリカリさくさくの歯ごたえ

時短

# じゃがいもと厚揚げのごまみそ和え 乱切り

【 材料 ● 2人分 】

| | |
|---|---|
| **じゃがいも** | 2個 |
| 厚揚げ | 小4個 |
| サラダ油 | 大さじ1 |
| A ┌ みそ | 大さじ2 |
| │ すり白ごま | 大さじ2 |
| │ みりん | 大さじ2 |
| └ 酒 | 大さじ1 |
| 小ねぎ（小口切り） | 適量 |

1) じゃがいもは皮をむいて乱切りにする。

2) 耐熱容器にじゃがいもと水大さじ1（分量外）を入れてラップをふんわりかけ、電子レンジで3分加熱する。

3) 厚揚げはキッチンペーパーで油をふき、ひと口大に切る。

4) フライパンにサラダ油を中火で熱し、2)と3)を焦げ目がつくまで焼き、Aを加えて絡める。器に盛り、小ねぎをのせる。

厚揚げでボリュームアップ

# さつまいも

*Sweet Potato*

1本 =250g

おやつにもおかずにも使える万能野菜。焦らずゆっくり熱を加えると
甘みが出ます。おすすめはせん切り。面白い食感になります。

[ 1食材 ]

## レンジで
## 蒸しさつまいも

CHAPTER 2 ｜ いも・ねぎのレシピ

副菜やおやつなど気軽に作りたいときはこの方法で！

【 材料 ● 作りやすい分量 】

さつまいも──── 2本
水──────── 大さじ2

1) さつまいもは2cm幅の輪切
りにし、耐熱容器に並べる。

2) 1) に水を入れてラップを
ふんわりかけ、電子レンジ
で8分加熱する。（冷蔵で
3日間保存可）

## ミルクキャラメル
## ポテト

牛乳と煮詰めることで
ミルクキャラメル味に

## さつまいもときのこの
## マスタードサラダ

デパ地下サラダが家で簡単に。
しめじは焼いて味を凝縮させました

【 材料●4人分 】

| | | |
|---|---|---|
| さつまいも | | 2本 |
| A | 牛乳 | 100㎖ |
| | 砂糖 | 大さじ2 |
| | 顆粒鶏がらスープの素 | 小さじ½ |
| | 塩 | 小さじ¼ |

1) さつまいもは1.5㎝角に切り、耐熱容器に入れてラップをふんわりかけ、電子レンジで3分加熱する。

2) 1)とAをフライパンに入れ、汁けがなくなるまで強めの中火で煮詰める。

【 材料●2人分 】

| | | |
|---|---|---|
| さつまいも | | 1本 |
| しめじ | | 1パック |
| クリームチーズ（ポーションタイプ） | | 2個 |
| A | マヨネーズ | 大さじ2 |
| | はちみつ | 大さじ1 |
| | 粒マスタード | 小さじ1 |

1) さつまいもは1.5㎝角に切り、耐熱容器に入れてラップをふんわりかけ、電子レンジで3分加熱する。

2) しめじは小房に分ける。フライパンを中火で熱し、焦げ目がついてしんなりするまで焼く。

3) クリームチーズは1㎝角に切る。

4) Aを混ぜ、1)、2)、3)を和える。

〔 1食材 〕

## さつまいもの
## はちみつレモン煮

できたてよりも冷めたほうが
味がしみしみでおいしい!

【 材料 ● 作りやすい分量 】

さつまいも────── ½本
水────────── 100㎖
はちみつ──────── 大さじ1
レモン汁─────── 小さじ½

1) さつまいもはピーラーで皮を縞状にむいて
   1cm幅のいちょう切りにし、水に5分さら
   して水けをきる。
2) 全ての材料を鍋に入れ、中火にかける。沸
   騰したら弱火にし、さつまいもに火が通る
   まで煮る。(冷蔵で3日間保存可)

〔 フライパン 〕

## さつまいもとささみの
## 甘辛炒め

甘辛だれがよ〜く絡みます

【 材料 ● 2人分 】

さつまいも────── 1本
鶏ささみ──────── 4本
酒──────────── 小さじ1
片栗粉────────── 適量
サラダ油──────── 大さじ1

A ┌ しょうゆ──── 大さじ2
　├ みりん───── 大さじ1
　└ 砂糖────── 大さじ1

1) さつまいもは皮をむいて1cm幅の半月切り
   にし、水に5分さらして水けをきる。
2) ささみは筋を取ってひと口大に切り、酒を
   もみ込み、片栗粉をまぶす。
3) フライパンにサラダ油を中火で熱し、さつ
   まいもとささみをこんがり焼く。
4) さつまいもに火が通ったらAを混ぜて加え、
   全体に絡めながら炒める。

# さつまいもの
# 鶏じゃが

相性のいい鶏肉で肉じゃが風に。
じゃがいもよりさっと煮えます

# せん切りさつまいもの
# 肉巻き

せん切りにするとホクホクに！
一度食べるとこの切り方にはまります

【 材料 ● 2人分 】

| さつまいも | 1本 |
|---|---|
| 鶏もも肉 | 1枚 |
| 玉ねぎ | 1個 |

A
- しょうゆ ┈┈ 大さじ3
- 酒 ┈┈ 大さじ3
- みりん ┈┈ 大さじ3

1) さつまいもは1cm幅の輪切りにし、水に5分さらして水けをきる。玉ねぎはくし形切りにする。鶏肉はひと口大に切る。

2) 鍋に玉ねぎ、さつまいも、鶏肉の順に重ねて入れ、Aを加えてふたをし、中火にかける。沸騰してきたら全体を混ぜ、5分煮る。

【 材料 ● 2人分 】

| さつまいも | 1本 |
|---|---|
| 豚ロース薄切り肉 | 10枚 |
| 塩 | 少々 |
| こしょう | 少々 |
| サラダ油 | 小さじ1 |

A
- 酒 ┈┈ 大さじ2
- しょうゆ ┈┈ 大さじ2
- めんつゆ ┈┈ 大さじ1（2倍濃縮タイプ）
- マヨネーズ ┈┈ 大さじ1

1) さつまいもは皮をむき、せん切りにする。

2) 豚肉を広げ、さつまいもを等分にのせて巻き、塩、こしょうをする。

3) フライパンにサラダ油を中火で熱し、2)の巻き終わりを下にして並べ、片面2〜3分ずつ焼く。

4) フライパンの余分な油をキッチンペーパーでふき、Aを混ぜて加え、肉に絡めながら汁けがなくなるまで焼く。食べやすく切り、器に盛る。

# 里 い も

*Taro*

1個 = 50g

扱いづらい印象の里いもですが、電子レンジを活用すれば、煮ものだけでなく、和えもの、サラダ風の一品まで、料理の幅がぐんと広がります。

和風味と洋風味のいいとこ取りのたれで和えて

CHAPTER 2 ｜ い も・ね ぎ の レ シ ピ

( 電子レンジ )

## 里いもの梅マヨ和え

【 材料 ● 4人分 】

| | | |
|---|---|---|
| 里いも | | 200g |
| 梅干し | | 1個 |
| A ┌ めんつゆ（2倍濃縮タイプ） | | 大さじ1 |
| └ マヨネーズ | | 大さじ2 |

1) 里いもは皮をむき、5mm幅に切る。

2) 梅干しは種を取り除き、果肉を包丁で細かくたたく。

3) 耐熱容器に1)を入れてラップをふんわりかけ、電子レンジで4分加熱する。

4) 里いもの粗熱が取れたら、Aと2)を加えて和える。（冷蔵で3日間保存可）

レンジでほったらかし。料理のハードルが下がります

( 1食材 )

# 里いもの白だし煮

【 材料 ● 作りやすい分量 】

里いも ……… 250g

A
┌ 水 ………… 大さじ5
│ 白だし …… 大さじ1
└ みりん …… 大さじ½

1) 里いもは皮をむき、ひと口大に切る。

2) 耐熱ボウルに1)とAを入れ、ラップをふんわりかけて電子レンジで6分加熱する。（冷蔵で3日間保存可）

オリーブオイルと黒こしょうをかけるだけでおしゃれな味に

（ 1食材 ）

# マッシュ里いも

【 材料 ● 4人分 】

里いも ──────── 200g
塩 ──────── 小さじ½
A ┌ オリーブオイル ── 適量
　 └ 黒こしょう ──── 適量

1) 里いもは皮をむき、ひと口大に切る。

2) 耐熱ボウルに1)と水大さじ1（分量外）を
　 入れ、ラップをふんわりかけて電子レンジ
　 で4分加熱する。

3) 2)をマッシャーでつぶして塩で調味する。
　 器に盛り、Aをかける。（冷蔵で3日間保存可）

( 電子レンジ )

# 里いものさばマヨ和え

【 材料 ● 4人分 】

里いも ················· 200g
さば水煮缶 ········ 1缶 (190g)
ベビーチーズ ········ 2個
A ┌ マヨネーズ ········ 大さじ1
　└ みそ ················· 小さじ1

魚もとれるがっつり副菜に

1) 里いもは皮をむいて5mm幅の輪切りに
　 し、耐熱容器に入れてラップをふんわ
　 りかけ、電子レンジで4分加熱する。
2) ベビーチーズはみじん切りにする。
3) さばをボウルに入れてつぶし、1)、
　 2)、Aを加えて混ぜる。（冷蔵で3日
　 間保存可）

( フライパン )

# 揚げ出し里いものおろし添え

【 材料 ● 4人分 】

里いも ···················· 200g
大根おろし ·············· 50g
A ┌ めんつゆ (2倍濃縮タイプ) ··· 大さじ1
　├ しょうゆ ·············· 大さじ½
　└ みりん ················· 大さじ½
片栗粉 ···················· 適量
揚げ油 ···················· 適量
小ねぎ (小口切り) ········· 小さじ1

揚げたての里いもにおろしだれを。
ほっこりする和風のおかずです

1) 里いもは皮をむいてひと口大に切り
　 （小さければ切らなくてもOK）、片栗
　 粉をまぶす。
2) フライパンの深さ1cmまで揚げ油を注
　 いで180℃に熱し、1)を入れて片面2
　 分ずつ揚げる。
3) 大根おろしとAを混ぜる。
4) 2)を器に盛り、3)をかけて小ねぎをの
　 せる。

# 長 い も

*Chinese Yam*

1本 = 500g

切り方や火の入れ方で食感ががらりと変わります。低カロリーで漢方にも使われるので、体調を崩しやすい季節の変わり目に、ぜひ食べてほしい野菜です。

CHAPTER 2 ｜ いも・ねぎのレシピ

ささっと作れる、我が家の定番

( 1食材 )

## 長いもの梅漬け

【 材料 ● 2人分 】

| | |
|---|---|
| 長いも | 200g |
| 梅干し | 1個 |
| めんつゆ（2倍濃縮タイプ） | 小さじ1 |
| 刻みのり | 適量 |

1) 長いもは皮をむいて拍子木切りにする。

2) 梅干しは種を取り除き、果肉を包丁で細かくたたく。

3) 1)、2)、めんつゆを混ぜる。器に盛り、刻みのりをのせる。

# 長いものりバター焼き

【 材料 ● 4人分 】

| | |
|---|---|
| **長いも** | 200g |
| サラダ油 | 大さじ2 |
| 片栗粉 | 適量 |
| A ┌ バター | 10g |
| └ しょうゆ | 大さじ1 |
| 青のり | 大さじ1 |

1) 長いもは皮をむき、1.5cm幅の輪切りにする。
2) フライパンにサラダ油を中火で熱し、長いもに片栗粉をまぶして入れ、揚げ焼きにする。
3) 長いもに火が通ったら**A**を加えて絡め、青のりを加えて混ぜる。

もちもちさくさく食感の長いも焼きです

# 長いものわさび漬け

【 材料 ● 4人分 】

| | |
|---|---|
| **長いも** | 200g |
| わさび | 小さじ1 |
| 白だし | 大さじ2 |
| 酢 | 大さじ2 |
| 砂糖 | 小さじ1 |
| 塩 | 少々 |
| 仕上げ用 ┌ 大葉 | 適量 |
| └ わさび | 適量 |

1) 長いもは皮をむいて縦半分に切る。
2) ポリ袋に全ての材料を入れてもみ、冷蔵室で30分以上なじませる。
3) 2) の長いもは食べるときに7〜8mm幅の半月切りにする。大葉を敷いた器に盛り、好みでわさびを添える。（冷蔵で3日間保存可）

わさびの風味がたまらない
長いものお漬けもの

1個ずつ丸めず、
容器ごと焼く簡単コロッケ

ほっくり食感で優しい味。
すき間時間に作り置きがおすすめ

( 時短 )

# 長いものスコップ
# コロッケ

【 材料 ● 2人分 】

| 長いも | 200g | | しょうゆ | 大さじ1 |
|---|---|---|---|---|
| 合いびき肉 | 100g | | 砂糖 | 小さじ1 |
| 玉ねぎ | ¼個 | A | 顆粒和風 だしの素 | 小さじ½ |
| サラダ油 | 小さじ1 | | | |
| パン粉 | 適量 | | 水 | 50㎖ |
| パセリ（みじん切り） | 適宜 | | | |

1) 長いもは皮をむいて粗みじんに切る。玉ね
   ぎはみじん切りにする。

2) フライパンにサラダ油を中火で熱し、1) と
   ひき肉を炒める。長いもに火が通ったらA
   を加え、長いもがつぶれるほどやわらかく
   なるまで煮る。

3) 火を止め、2) をマッシャーでつぶす。

4) 耐熱容器に3) を平らに入れ、パン粉をふっ
   てサラダ油大さじ1（分量外）を全体にか
   ける。トースターで焼き目がつくまで焼く。
   あればパセリをのせる。

( 1食材 )

# 長いもの煮もの

【 材料 ● 4人分 】

| 長いも | 200g |
|---|---|
| めんつゆ (2倍濃縮タイプ) | 大さじ2 |
| 薄口しょうゆ | 小さじ½ |
| 水 | 100㎖ |

1) 長いもは皮をむき、1.5㎝幅の輪切りに
   する。

2) 耐熱ボウルに全ての材料を入れ、ラップ
   をふんわりかけ、電子レンジで5分加熱
   する。（冷蔵で5日間保存可）

# 長いもさけ明太グラタン

【 材料 ● 2人分 】

| | | |
|---|---|---|
| 長いも | ……… | 200g |
| 生ざけ | ……… | 150g |
| 塩 | ……… | 少々 |
| こしょう | ……… | 少々 |
| A ┌ 明太子 (ほぐす) | ……… | 1腹 (70g) |
| ├ 卵 | ……… | 1個 |
| └ 白だし | ……… | 大さじ1 |
| シュレッドチーズ | ……… | 50g |
| パセリ (みじん切り) | ……… | 適宜 |

1) 長いもは皮をむいてすりおろす。
   さけは骨を取り除いてひと口大に
   切り、塩、こしょうで下味をつける。

2) ボウルに 長いも、**A**を入れて混ぜる。

3) 耐熱容器にさけを並べて2)を流し
   入れ、チーズをのせる。200℃の
   オーブンで20分焼く（予熱はし
   ない）。あればパセリをのせる。

長いもをホワイトソース代わりに使うことで、
作業の時間がぐんと減ります

# 玉 ね ぎ

*Onion*

🥄 1個 = 200g

常備しているからこそ、あと1品ほしいときにさっと作れるレシピがあれば、
とても便利。新玉ねぎの時季は、生のまま調理してフレッシュ感を楽しみます。

( 1食材 )

## 玉 ね ぎ ス テ ー キ

【 材料 ● 2人分 】

| | | |
|---|---|---|
| **玉ねぎ** | | 1個 |
| サラダ油 | | 大さじ1 |
| ┌ バター | | 10g |
| ｜ しょうゆ | | 大さじ1 |
| A 酒 | | 大さじ1 |
| ｜ 顆粒鶏がらスープの素 | | 小さじ½ |
| └ おろしにんにく | | 小さじ½ |

1) 玉ねぎは1.5cm幅の輪切りにする。

2) フライパンにサラダ油を中火で熱
し、1)を片面2〜3分ずつ焼く。

3) 2)にAを加え、汁けがなくなるま
で炒める。（冷蔵で3日間保存可）

玉ねぎはゆっくり丁寧に焼いて甘みを引き出す

マヨネーズで炒める
コクたっぷりの炒めものです

フライパン

# 玉ねぎマヨ炒め

【 材料 ● 2人分 】

| | |
|---|---|
| **玉ねぎ** | 1個 |
| マヨネーズ | 大さじ1 |
| A めんつゆ（2倍濃縮タイプ） | 大さじ1 |
| 削り節 | 1袋（2g） |

1) 玉ねぎはくし形切りにする。
2) フライパンにマヨネーズを中火で熱し、玉ねぎを炒める。しんなりしたらAを加え、汁けがなくなるまで炒める。

---

片栗粉が入っているのでもちもち

電子レンジ

# 玉ねぎの
# もちもちシュウマイ

【 材料 ● 4人分 】

| | |
|---|---|
| **玉ねぎ** | 1個 |
| ツナ缶（オイル缶。油をきる） | 1缶（80g） |
| A 顆粒鶏がらスープの素 | 小さじ1 |
| 塩 | 小さじ⅓ |
| 片栗粉 | 大さじ3 |

1) 玉ねぎはみじん切りにする。ツナはほぐす。
2) 1)、Aをよく混ぜ、12〜16等分にしてひと口大に丸める。
3) 耐熱皿にキッチンペーパーを敷き、2)の半量を並べる。ラップをぴっちりかけ、電子レンジで3分加熱する。残り半量も同様に加熱する。

マリネにはすし酢を。
黄金比率で失敗知らず！

5分以内

# 玉ねぎたっぷり
# 野菜のマリネ

【 材料●4人分 】

| 玉ねぎ | 1個 | | 米油 | 大さじ3 |
|---|---|---|---|---|
| きゅうり | 1本 | | すし酢 | 大さじ2 |
| にんじん | 1本 | A | レモン汁 | 小さじ1 |
| ハム | 4枚 | | 砂糖 | 小さじ1 |
| | | | 塩 | 小さじ½ |

1) 玉ねぎ、きゅうり、にんじん、ハムはせん切りにする。

2) Aを混ぜて1)を漬け、冷蔵室に30分以上置き、味をなじませる。（冷蔵で5日間保存可）

炊飯器に丸ごと1個入れるだけで、
甘み豊かな驚きの味に

炊飯器

# 丸ごと新玉ピラフ

【 材料●4人分 】

| 新玉ねぎ | 1個 |
|---|---|
| 米 | 2合 |
| A ⌈ 顆粒コンソメスープの素 | 小さじ2 |
| ⌊ 塩 | 小さじ½ |
| バター | 20g |
| こしょう | 適量 |

1) 米は洗って30分ほど浸水させ、水けをきる。

2) 玉ねぎは根元に十字に切り込みを入れる。

3) 炊飯器の内釜に1)を入れて2合の目盛りまで水を入れ、水大さじ1をすくって減らし、2)とAも加えて普通に炊く（鍋で炊く場合は水360〜370㎖）。

4) ご飯を蒸らしたらバターを加え、こしょうをふり、玉ねぎをほぐしながら全体を混ぜる。

# 玉ねぎの甘酢煮

【 材料 ● 4人分 】

**玉ねぎ**…………………… 2 個
A ┌ めんつゆ(2倍濃縮タイプ)… 大さじ 5
　└ 水……………………… 大さじ1
酢 ………………………… 大さじ2
糸唐辛子 ………………… 適量

1) 玉ねぎはくし形切りにする。
2) 耐熱容器に玉ねぎ、**A**を入れ、ラップをふんわりかけ、電子レンジで5分加熱する。
3) 2)に酢を加えて混ぜ、糸唐辛子を添える。(冷蔵で3日間保存可)

サラダ感覚でたくさん食べられます

# 玉ねぎたっぷり 鶏の南蛮漬け

【 材料 ● 2人分 】

**新玉ねぎ**…1個
鶏むね肉…1枚
A ┌ 酒…… 小さじ1
　└ 塩…… 少々
片栗粉… 適量
サラダ油… 大さじ2

B ┌ 水…………… 100mℓ
　│ めんつゆ…… 大さじ4
　│ (2倍濃縮タイプ)
　│ 酢…………… 大さじ2
　└ しょうゆ…… 大さじ½

1) 玉ねぎは薄切りにして水にさらす。鶏肉はそぎ切りにし、**A**をもみ込んで片栗粉をまぶす。
2) フライパンにサラダ油を中火で熱し、鶏肉を片面3分ずつ焼く。
3) 耐熱容器に**B**を入れて混ぜ、電子レンジで1分加熱する。
4) 玉ねぎの水けをきり、2)とともに3)の南蛮液に漬ける。(冷蔵で3日間保存可)

フライパンで焼くだけ。
簡単にできる南蛮漬け

# 長 ね ぎ

*Japanese Leek*

☞ 1本＝100g

薬味・臭み取り

オールマイティ

## miki流 部位別 使い方のコツ

### 青い部分

ゆで豚や焼き豚などを作るときの臭み取りに欠かせません。細かく刻んで薬味やたれに。斜め切りにして汁の実や炒めものに。栄養があるので捨てずに食べましょう。

### 白い部分

小口切り、斜め切り、ぶつ切りなど、切り方によって食感や味わいが変化します。根っこに近いほど甘みが強く、青い部分に近づくにつれて辛みが増します。

こんがり焼いて、香ばしく

1食材

# 焼き鳥ねぎ

白い部分

【 材料 ● 2人分 】

長ねぎ············· 1本
サラダ油········ 大さじ1
A ⌈ みりん············· 大さじ2
　 ⌊ しょうゆ·········· 大さじ1

1) 長ねぎは3cm長さに切る。
2) フライパンにサラダ油を中火で熱し、1)を並べ、触らずに焦げ目がつくまで焼く。焦げ目がついたら裏返し、同様に焼く。
3) 2)にAを加え、汁けがなくなるまで炒める。

( 1食材 )

# 長ねぎのかき揚げ

白い部分

【 材料 ● 2人分 】

| 長ねぎ | 1本 |
|---|---|
| ┌ 小麦粉 | 大さじ2 |
| A マヨネーズ | 大さじ1 |
| └ 水 | 大さじ3 |
| 揚げ油 | 適量 |

1) 長ねぎは5mm幅の小口切りにする。
2) ボウルにAを入れて混ぜ、1)を加えて混ぜる。
3) フライパンの深さ1cmまで揚げ油を注いで180℃に熱し、2)をひと口大にまとめて入れ、片面2分ずつ揚げる。

ねぎだけでがっつりおかずに！

( 電子レンジ )

# 長ねぎとツナの
# 煮もの　白い部分　+　青い部分

【 材料 ● 作りやすい分量 】

| 長ねぎ | 1本 |
|---|---|
| ツナ缶（オイル缶） | 1缶（80g） |
| 酒 | 大さじ1 |
| みりん | 大さじ1 |
| しょうゆ | 大さじ½ |
| 顆粒和風だしの素 | 小さじ½ |

1) 長ねぎは斜め切りにする。
2) 耐熱ボウルに全ての材料を入れ、ラップをふんわりかけ、電子レンジで4分加熱する。（冷蔵で3日間保存可）

ツナのうまみとねぎの
甘みでほっとする味に

豚肉のうまみとねぎの甘みを吸った
ご飯が止まらないおいしさ

人気 （炊飯器）

# ねぎ豚ご飯  白い部分 ＋ 青い部分

【 材料 ● 4人分 】

| | | |
|---|---|---|
| **長ねぎ** | | 1本 |
| 米 | | 2合 |
| 豚バラ薄切り肉 | | 150g |
| A ┌ 塩昆布 | | 10g |
| ├ 顆粒鶏がらスープの素 | | 大さじ1 |
| ├ ごま油 | | 大さじ1 |
| └ 塩 | | 少々 |

1) 米は洗って30分ほど浸水させ、水けを
　 きって炊飯器の内釜に入れる。

2) 長ねぎは小口切りにする。豚肉はひと口
　 大に切る。

3) 1)の2合の目盛りまで水を入れ、水大さ
　 じ1をすくって減らし、2)とAを加えて
　 普通に炊く（鍋で炊く場合は水360〜
　 370㎖）。

069

焼いたお肉が
おいしくなる特製だれです

豆腐や卵を加えてもおいしい

（ 5分以内 ）

# ね ぎ だ れ

青 い 部 分

【 材料 ● 作りやすい分量 】

長ねぎ（青い部分）············1本分

┌ 顆粒鶏がらスープの素····小さじ1
│ ごま油··························小さじ1
A ｜ 砂糖···························小さじ½
└ 塩······························少々

1）　長ねぎはみじん切りにする。
2）　ボウルに1)とAを入れて混ぜる。（冷蔵で
　　　3日間保存可）

（ 5分以内 ）

# ね ぎ 肉 吸 い

青 い 部 分

【 材料 ● 2人分 】

長ねぎ（青い部分）············1本分
牛切り落とし肉··············150g

┌ 水·····························200㎖
│ 白だし·························大さじ1
A ｜ みりん························大さじ½
｜ しょうゆ······················小さじ½
└ 塩·····························ひとつまみ

1）　長ねぎは斜め切りにする。
2）　Aを鍋に入れて中火にかけ、煮立ったら
　　　1)と牛肉を加え、火が通るまで煮る。

# CHAPTER 3

Chinese Cabbage, Cabbage, Japanese Spinachi, Bok Choy,
Pea Sprouts, Chinese Chive, Spinach, Mizuna,Lettuce

## 葉野菜のレシピ

# 白菜

*Chinese Cabbage*

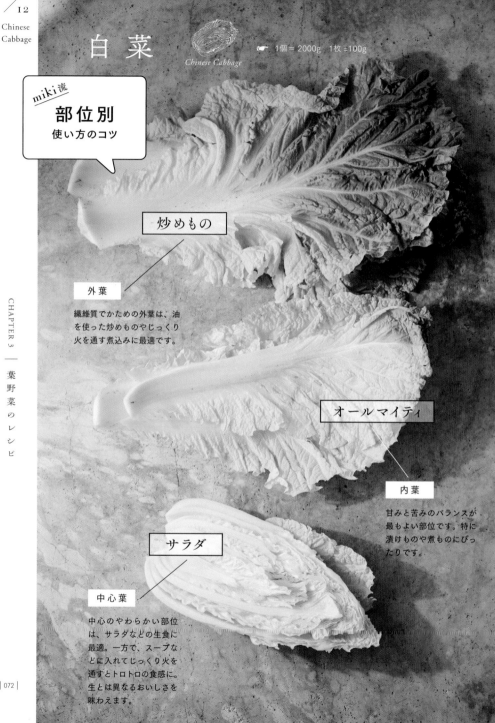

☞ 1個＝2000g　1枚＝100g

miki流
## 部位別
使い方のコツ

### 炒めもの

**外葉**

繊維質でかための外葉は、油
を使った炒めものやじっくり
火を通す煮込みに最適です。

### オールマイティ

**内葉**

甘みと苦みのバランスが
最もよい部位です。特に
漬けものや煮ものにぴっ
たりです。

### サラダ

**中心葉**

中心のやわらかい部位
は、サラダなどの生食に
最適。一方で、スープな
どに入れてじっくり火を
通すとトロトロの食感に。
生とは異なるおいしさを
味わえます。

しょうがとにんにくをたっぷりと。
シンプルでおいしい炒めもの

( 1食材 )

# 白菜炒め

外葉

【 材料 ● 2人分 】

白菜 300g
A にんにく（みじん切り） 1かけ分
　しょうが（みじん切り） ½かけ分
　ごま油 大さじ2
B 顆粒鶏がらスープの素 小さじ½
　塩 少々
　こしょう 少々

1） 白菜はそぎ切りにする。
2） フライパンにごま油を中火で熱し、
　　Aを炒める。香りが出たら、1)を加
　　えて炒める。
3） 白菜に火が通ったらBを加えて1分
　　ほど炒める。

レンジ調理でも味がしみて
クタクタになります

( 電子レンジ )

# 白菜と油揚げの
# クタッと煮 内葉

【 材料 ● 2人分 】

白菜 300g
油揚げ 1枚
めんつゆ（2倍濃縮タイプ） 大さじ2
酒 大さじ1
しょうゆ 大さじ1
みりん 大さじ1

1） 白菜はざく切りにする。油揚げは
　　1cm幅に切る。
2） 耐熱容器に全ての材料を入れ、ラ
　　ップをふんわりかけ、電子レンジ
　　で7分加熱する。

キャベツとは異なる
甘みが魅力

梅干しと塩昆布とごま油の
組み合わせが絶妙！

1食材

# 白菜のコールスロー

中心葉

【 材料 ● 作りやすい分量 】

| 白菜 | 300g |
|---|---|
| 塩 | 小さじ⅓ |
| A ┌ マヨネーズ | 大さじ3 |
| 　 　 酢 | 大さじ1 |
| 　 └ 砂糖 | 大さじ1 |

1) 白菜はみじん切りにする。塩でも
   んで2分ほど置き、水けを絞る。
2) 1）をAで和える。（冷蔵で3日間
   保存可）

ポリ袋

# 白菜の梅昆布
サラダ 　中心葉

【 材料 ● 作りやすい分量 】

| 白菜 | 200g |
|---|---|
| 梅干し | 1個 |
| ごま油 | 大さじ1 |
| 砂糖 | 小さじ½ |
| 塩昆布 | 5g |

1) 白菜は横にせん切りにする。梅干しは種
   を取り除き、果肉を包丁で細かくたたく。
2) ポリ袋に全ての材料を入れてもみ、冷蔵
   室に30分以上置き、味をなじませる。（冷
   蔵で3日間保存可）

せん切り白菜をごま酢で
さっぱりと

塩と砂糖と昆布でしみじみ
おいしい白菜漬けに

---

( 1食材 )

# 白菜のごま酢和え

中心葉

【 材料 ● 作りやすい分量 】

| | |
|---|---|
| **白菜** | 200g |
| 塩 | 小さじ⅓ |
| ┌めんつゆ（2倍濃縮タイプ） | 大さじ3 |
| A│すし酢 | 大さじ2 |
| └すり白ごま | 大さじ2 |

1) 白菜は横にせん切りにする。

2) 白菜は塩もみをして水けを絞
   り、Aと混ぜる。（冷蔵で3日
   間保存可）

---

( ポリ袋 )

# 白菜の浅漬け

内葉 ＋ 中心葉 ＋ 外葉

【 材料 ● 作りやすい分量 】

| | |
|---|---|
| **白菜** | 500g |
| 塩 | 小さじ2 |
| 砂糖 | 小さじ1 |
| 昆布 | 3g |
| 唐辛子（種を取る） | 1本 |

1) 白菜はざく切りにする。

2) ポリ袋に全ての材料を入れてもみ、
   冷蔵室に30分以上置き、味をな
   じませる。（冷蔵で5日間保存可）

電子レンジ

# 白菜のベーコン巻き

外葉

寒い日にほっこりする洋風味

【 材料 ● 2人分 】

| | | |
|---|---|---|
| **白菜** | ⋯⋯⋯⋯ | 6枚 |
| ベーコン | ⋯⋯⋯⋯ | 6枚 |
| A 水 | ⋯⋯⋯⋯ | 100㎖ |
| 顆粒コンソメスープの素 | ⋯⋯ | 小さじ1 |
| 塩 | ⋯⋯⋯⋯ | 少々 |
| こしょう | ⋯⋯⋯⋯ | 少々 |

1) 白菜はさっと洗い、水けをきらずに耐熱皿に並べる。ラップをふんわりかけ、電子レンジで5分加熱する。

2) 白菜を芯から葉先のほうにくるくる巻き、周りにベーコンを巻く。

3) 耐熱容器に2)とAを入れ、ラップをふんわりかけ、電子レンジで6分加熱する。

ひき肉と同量の白菜を使った
ヘルシーメンチ

（フライパン）

# 白菜メンチカツ

外葉

【 材料 ● 2人分 】

| | | | |
|---|---|---|---|
| 白菜 | 200g | パン粉 | 適量 |
| 合いびき肉 | 200g | 揚げ油 | 適量 |
| A ┌ 卵 | 1個 | 中濃ソース | 適量 |
| ├ 塩 | 小さじ½ | | |
| └ こしょう | 少々 | | |

1) 白菜は粗みじんに切る。
2) ボウルに1)、ひき肉、Aを入れ、ひき肉が白っぽくなるまで練り混ぜる。
3) 2)を6等分にして小判形に成形し、パン粉をまぶす。
4) フライパンの深さ1cmまで揚げ油を注いで170℃に熱し、3)を入れて片面3分ずつ揚げる。器に盛り、ソースを添える。

（電子レンジ）

# 白菜のクリーム煮　内葉

【 材料 ● 2人分 】

| | |
|---|---|
| 白菜 | 200g |
| ハム | 4枚 |
| A ┌ 牛乳 | 150ml |
| ├ 小麦粉 | 大さじ2 |
| ├ 顆粒コンソメスープの素 | 小さじ1 |
| └ 塩 | 小さじ⅓ |

1) 白菜はざく切りにする。ハムは食べやすい大きさに切る。
2) 耐熱容器にAを入れ、泡立て器でよく混ぜ、1)を加えてもう一度かき混ぜる。ラップをふんわりかけ、電子レンジで5分加熱する。
3) 2)のラップを外し、全体を混ぜる。

ホワイトソースもレンジで簡単に。コツはよく混ぜることです

| 077 |

フライパン

# 白菜と春雨の煮込み

外葉

白菜も春雨も一緒に煮るので、
フライパン1つで大丈夫

【 材料●2人分 】

| | |
|---|---|
| 白菜 | 200g |
| 合いびき肉 | 100g |
| 春雨 | 30g |
| A ┌ にんにく(粗みじん切り) | 1かけ分 |
| ├ しょうが(粗みじん切り) | 1かけ分 |
| └ ごま油 | 大さじ1 |
| B ┌ 水 | 200㎖ |
| ├ 顆粒鶏がらスープの素 | 小さじ2 |
| ├ しょうゆ | 小さじ1 |
| ├ オイスターソース | 小さじ1 |
| └ 塩 | ひとつまみ |
| C ┌ 片栗粉 | 小さじ2 |
| └ 水 | 大さじ2 |

1) 白菜はざく切りにする。
2) フライパンにAを入れて中火で熱し、香りが出たらひき肉を加えて1分炒める。
3) 2)に白菜と春雨とBを加え、かき混ぜながら4～5分煮る。
4) Cを混ぜ、3)に少しずつ加えてとろみをつける。

ポリ袋

# 即席白菜キムチ

内葉 ＋ 中心葉 ＋ 外葉

自宅にある調味料でできる
簡単即席キムチ

【 材料●作りやすい分量 】

| | |
|---|---|
| 白菜 | 300g |
| 顆粒鶏がらスープの素 | 小さじ1 |
| コチュジャン | 大さじ2 |
| ごま油 | 大さじ1 |
| しょうゆ | 小さじ1 |
| 砂糖 | 小さじ1 |
| おろしにんにく | 小さじ½ |
| おろししょうが | 小さじ½ |
| 一味唐辛子 | 小さじ½ |
| 塩 | 小さじ⅓ |

1) 白菜はざく切りにする。
2) ポリ袋に全ての材料を入れてよくもみ、冷蔵室に30分以上置き、味をなじませる。(冷蔵で2日間保存可)

めんつゆとツナ缶で
白菜の甘みが驚くほど増します

フライパン

# 白菜とツナの煮もの 　内葉

【 材料 ● 作りやすい分量 】

白菜　　　　　　　　　　200g
ツナ缶（オイル缶）　　　1缶（80g）
めんつゆ（2倍濃縮タイプ）　大さじ2
水　　　　　　　　　　　大さじ1

1) 白菜はざく切りにする。

2) 全ての材料をフライパンに入れてふた
をし、弱めの中火にかける。煮立っ
たら全体を混ぜ、白菜がやわらかくな
るまで煮る。（冷蔵で3日間保存可）

# キャベツ

*Cabbage*

1個 = 1000g　1枚 = 50g

miki流
## 部位別
使い方のコツ

**外葉**

繊維質でかための外葉は、炒めものや煮込みにぴったり。外の大きい葉はロールキャベツに向いています。じっくり火を通すとトロトロになります。

炒めもの

**中心葉**

中のやわらかい部分は、サラダなど生食向き。せん切りキャベツもこの部位で作るとふわふわになります。

オールマイティ

サラダ

**内葉**

甘みと苦みのバランスが最も良い部位です。炒めものからサラダまで幅広く使えます。

重ねてチンするだけ。
食べごたえのあるおかずです

電子レンジ

# ミルフィーユキャベツ

外葉

## 【 材料 ● 2人分 】

| | |
|---|---|
| **キャベツ** | 6枚 |
| 豚バラ薄切り肉 | 200g |
| （しゃぶしゃぶ用） | |

A
| | |
|---|---|
| 顆粒コンソメスープの素 | 小さじ1 |
| 顆粒鶏がらスープの素 | 小さじ1 |
| 水 | 200ml |
| 塩 | 少々 |

1) 耐熱ボウルにキャベツ1枚を敷き、豚肉40gを広げて重ねる。同様に重ね、一番上にキャベツ1枚をかぶせる。

2) 1)にAを加えてラップをふんわりかけ、電子レンジで7分加熱する。食べやすく切り、器に盛る。

---

時短

# とんぺい焼き

内葉

## 【 材料 ● 2人分 】

| | |
|---|---|
| **キャベツ** | 200g |
| 豚バラ薄切り肉 | 100g |
| 卵 | 2個 |

A
| | |
|---|---|
| 顆粒和風だしの素 | 小さじ1 |
| 塩 | 小さじ⅓ |
| サラダ油 | 大さじ1 |

B
| | |
|---|---|
| お好み焼きソース | 適量 |
| マヨネーズ | 適量 |
| 削り節 | 適量 |
| 青のり | 適量 |

1) キャベツはせん切りにする。豚肉はひと口大に切る。卵は割りほぐし、塩少々（分量外）を入れて混ぜる。

2) 耐熱ボウルにキャベツを入れて豚肉をのせ、Aを加える。ラップをふんわりかけ、電子レンジで3分加熱し、よく混ぜて器に盛る。

3) フライパンにサラダ油を中火で熱し、溶き卵を流し入れて薄焼き卵を焼く。2)にのせ、Bをかける。

キャベツと豚肉は炒めず、
レンジ加熱でスピードアップ

かにかまが味のまとめ役

( 電子レンジ )

# キャベツと
# かにかまの和えもの

内葉

【 材料 ● 作りやすい分量 】

**キャベツ**　　　　　　　250g
かに風味かまぼこ　　　　80g

A
┌ オリーブオイル　　　　大さじ1
│ レモン汁　　　　　　　大さじ1
└ 塩　　　　　　　　　　小さじ⅓

1) キャベツはざく切りにする。かにかまは食べやすく割く。
2) 耐熱ボウルにキャベツを入れてラップをふんわりかけ、電子レンジで2分加熱する。
3) 2)の粗熱が取れたら水けを絞り、かにかま、Aを加えて和える。（冷蔵で3日間保存可）

( 1食材 )

# キャベツの
# 甘酢にんにく漬け

中心葉

【 材料 ● 作りやすい分量 】

**キャベツ**　　　　　　　250g

A
┌ にんにく（薄切り）　　2かけ分
│ 酢　　　　　　　　　　大さじ4
│ 砂糖　　　　　　　　　大さじ3
│ 塩　　　　　　　　　　小さじ⅓
└ ローリエ　　　　　　　1枚
糸唐辛子　　　　　　　　適宜

1) キャベツはざく切りにする。
2) ポリ袋に1)とAを入れ、袋の外からよくもみ込む。冷蔵室に1時間以上置き、味をなじませる。あれば糸唐辛子をのせる。（冷蔵で3日間保存可）

カレーの付け合わせにぴったり

( 1食材 )

# コールスローサラダ

中心葉

【 材料 ● 作りやすい分量 】

| | | |
|---|---|---|
| **キャベツ** | 250g |
| 塩 | 小さじ⅓ |
| A | マヨネーズ | 大さじ4 |
| | 酢 | 大さじ1 |
| | 砂糖 | 大さじ1 |
| | 塩 | ひとつまみ |

1) キャベツはみじん切りにして塩でもみ、水けを絞る。
2) ボウルに1)とAを入れて混ぜ、冷蔵室に30分以上置き、味をなじませる。（冷蔵で3日間保存可）

何度も作ってたどり着いた自信作

( 電子レンジ )

# キャベツとわかめの
# ポン酢和え

内葉

【 材料 ● 作りやすい分量 】

| | | |
|---|---|---|
| **キャベツ** | 250g |
| 乾燥わかめ | 5g |
| A | ポン酢しょうゆ | 大さじ3 |
| | ごま油 | 大さじ1 |

1) キャベツはざく切りにする。わかめは水で戻して水けを絞る。
2) キャベツを耐熱ボウルに入れてラップをふんわりかけ、電子レンジで2分加熱する。
3) 2)の粗熱が取れたら水けを絞り、わかめ、Aを加えて和える。（冷蔵で2日間保存可）

飽きのこない和えサラダ

# 小 松 菜

*Japanese Spinach*

🌱 1株＝40g　1束＝300g

生でよし、加熱してよし。あくがないから下ゆでいらず。
栄養もあって頼りになる青菜の代表です。

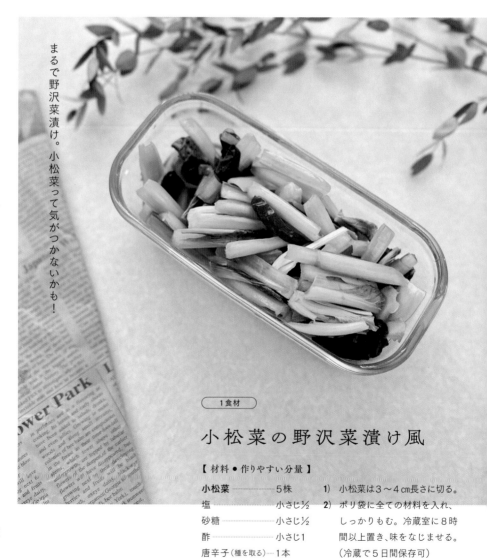

まるで野沢菜漬け。小松菜って気がつかないかも！

〔 1食材 〕

## 小松菜の野沢菜漬け風

【 材料 ● 作りやすい分量 】

| | |
|---|---|
| 小松菜 | 5株 |
| 塩 | 小さじ½ |
| 砂糖 | 小さじ½ |
| 酢 | 小さじ1 |
| 唐辛子(種を取る) | 1本 |

1) 小松菜は3〜4cm長さに切る。

2) ポリ袋に全ての材料を入れ、しっかりもむ。冷蔵室に8時間以上置き、味をなじませる。（冷蔵で5日間保存可）

めんつゆで作る
和風味のコクうまナムル

【電子レンジ】

# 小松菜とわかめの梅ナムル

【 材料 ● 2人分 】

小松菜 ·············· 1束
乾燥わかめ ············ 3g
梅干し ·············· 1個
A ┌ めんつゆ（2倍濃縮タイプ）··· 大さじ2
  │ ごま油 ·············· 大さじ1
  └ すり白ごま ············ 適量

1) 小松菜は3〜4cm長さに切る。耐熱容器に入れてラップをふんわりかけ、電子レンジで3分加熱する。わかめは水で戻し、ひと口大に切る。梅干しは種を取り除き、果肉を包丁で細かくたたく。
2) ボウルに梅干しとAを入れ、混ぜる。
3) 水けをきった小松菜とわかめを2)に入れて混ぜる。（冷蔵で2日間保存可）

レンジで作るから
パラパラのふりかけに

人気　【電子レンジ】

# 小松菜とおじゃこのふりかけ

【 材料 ● 作りやすい分量 】

小松菜 ·············· 1束
A ┌ ちりめんじゃこ ···· 大さじ5
  │ 炒り白ごま ········ 大さじ1
  └ 塩 ·············· 小さじ⅓

1) 小松菜はみじん切りにする。
2) 耐熱皿に小松菜の¼量を重ならないように広げる。ラップをかけずに電子レンジで2分加熱する。残りの小松菜も同様に3回加熱する。
3) 2)とAを混ぜる。（冷蔵で5日間保存可）

（電子レンジ）

# 小松菜とわかめの 混ぜご飯

【 材料 ● 4人分 】

| | |
|---|---|
| **小松菜** | 3株 |
| 乾燥わかめ | 3g |
| ご飯 | 2合分 |
| A 白だし | 小さじ1 |
| 砂糖 | 小さじ½ |
| 塩 | 小さじ¼ |

1) わかめは水でもどし、水けをきってみじん切りにする。小松菜もみじん切りにする。Aとよく混ぜる。
2) 耐熱容器にクッキングシートを敷いて1)を薄く広げ、ラップをかけずに電子レンジで4分加熱する。
3) 2)とご飯を混ぜる。

（フライパン）

# 小松菜と豚肉の カレー炒め

【 材料 ● 2人分 】

| | |
|---|---|
| **小松菜** | 3株 |
| 豚こま切れ肉 | 100g |
| A コチュジャン | 大さじ1 |
| カレー粉 | 小さじ1 |
| しょうゆ | 小さじ1 |
| 砂糖 | 小さじ1 |
| ごま油 | 小さじ1 |
| ごま油 | 大さじ1 |
| 塩 | 適量 |
| こしょう | 適量 |

1) 小松菜は3cm長さに切る。
2) Aはよく混ぜる。
3) フライパンにごま油を中火で熱し、豚肉と1)を炒める。火が通ったら2)を加え、混ぜながら1分炒める。味をみて塩、こしょうで調える。

菜飯とわかめご飯のいいとこ取り！

韓国料理店で出会った驚きの味

フライパン

# 小松菜餃子

【 材料 ● 30個分 】

| | | | |
|---|---|---|---|
| **小松菜** | 1束 | 餃子の皮 | 30枚 |
| 豚ひき肉 | 300g | サラダ油 | 大さじ1 |

A
| | |
|---|---|
| しょうゆ | 大さじ1 |
| オイスターソース | 大さじ1 |
| 顆粒鶏がらスープの素 | 小さじ1 |
| 砂糖 | 小さじ1 |
| ごま油 | 小さじ1 |
| 塩 | 小さじ½ |

B
| | |
|---|---|
| 酢 | 適量 |
| しょうゆ | 適量 |

1) 小松菜はみじん切りにする。

2) ボウルにひき肉とAを入れてよく混ぜ、小松菜も加えてよく混ぜる。餃子の皮1枚につき1/30量をのせ、皮の縁に水をつけて半分に折り、ひだを寄せながら包む。

3) フライパンにサラダ油を中火で熱し、2)の餃子を並べて焼く。焼き色がついたら餃子が1cmほど浸るまで熱湯（分量外）を注ぎ、ふたをして5分蒸し焼きにする。

4) ふたを取ってごま油大さじ1（分量外）を回しかけ、余分な水分を飛ばす。

5) 器に餃子を盛り、Bを混ぜて添える。

人気

フライパン

# 小松菜そぼろ

【 材料 ● 4人分 】

| | |
|---|---|
| **小松菜** | 1束 |
| 合いびき肉 | 200g |
| にんじん | 1本 |
| しいたけ | 3個 |
| サラダ油 | 小さじ1 |

A
| | |
|---|---|
| めんつゆ（2倍濃縮タイプ） | 大さじ4 |
| 砂糖 | 小さじ1 |

1) 小松菜、にんじん、しいたけはみじん切りにする。

2) フライパンにサラダ油を中火で熱し、ひき肉を炒める。火が通ったらにんじんを加えて炒める。

3) にんじんに火が通ったら、しいたけ、小松菜を加えて炒める。小松菜がしんなりしたらAを加え、水けがなくなるまで炒める。

キャベツでも白菜でもなく、
小松菜で栄養たっぷりの餃子に！

みじん切りにすることで
食べやすさアップ

# チンゲン菜

*Bok Choy*

1株＝100g

小松菜やほうれん草の代用として考えると、使い道が広がります。
せん切りにすると、チンゲン菜のイメージががらりと変わります。

細切りにすると小松菜のような食感に

1食材

## チンゲン菜のごま和え

【 材料 ● 2人分 】

| A | | |
|---|---|---|
| チンゲン菜 | 2株 | |
| すり白ごま | 大さじ2 | |
| みそ | 小さじ2 | |
| 砂糖 | 小さじ1 | |
| しょうゆ | 小さじ1 | |

1) チンゲン菜は7～8mm幅の細切りにする。

2) 耐熱ボウルに1)を入れ、ラップをふんわりかけ、電子レンジで2分加熱する。

3) 2)の水けをきり、Aで和える。

ご飯にかけて中華丼にしてもいいです

（ フライパン ）

# チンゲン菜の五目煮

## 【 材料 ● 2人分 】

| | |
|---|---|
| **チンゲン菜** | 2株 |
| 豚もも薄切り肉 | 150g |
| にんじん | ⅓本 |
| しいたけ | 2個 |
| うずら卵の水煮 | 6個 |

| | |
|---|---|
| ごま油 | 小さじ1 |
| A ｛ 水 | 100㎖ |
| 顆粒鶏がらスープの素 | 小さじ2 |
| しょうゆ | 小さじ1 |
| 塩 | 小さじ⅓ |
| B ｛ 片栗粉 | 小さじ2 |
| 水 | 小さじ4 |

1) チンゲン菜は1枚ずつはがし、茎は縦に2〜3等分に切る。葉はざく切りにする。

2) 豚肉はひと口大に切る。にんじん、しいたけは薄切りにする。

3) フライパンにごま油を中火で熱し、豚肉、チンゲン菜、にんじんを炒める。にんじんに火が通ったら、しいたけ、うずら卵、Aを加え、沸騰したら2分煮る。

4) 3)にBを混ぜて加え、とろみをつける。

〔 時短 〕

# チンゲン菜のカリカリ豚のせ

【 材料 ● 2人分 】

**チンゲン菜**————2株
豚バラ薄切り肉————150g

A ⎡ 酒————小さじ1
  ｜ 塩————少々
  ⎣ こしょう————適量

片栗粉————適量
サラダ油————大さじ2

B ⎡ すり白ごま————大さじ2
  ｜ ごま油————大さじ1
  ｜ めんつゆ————大さじ1
  ｜ （2倍濃縮タイプ）
  ｜ ポン酢しょうゆ——大さじ1
  ｜ しょうゆ————大さじ½
  ⎣ 砂糖————小さじ1

1) チンゲン菜は1枚ずつはがし、茎は縦に2〜3等分に切る。葉はざく切りにする。耐熱容器に入れてラップをふんわりかけ、電子レンジで2分加熱し、水けをきる。

2) 豚肉は3cm幅に切ってAをもみ込み、片栗粉をまぶす。

3) フライパンにサラダ油を中火で熱し、2)を両面がカリカリになるまで焼く。

4) 器に1)を盛って3)をのせ、Bをよく混ぜてかける。

カリカリに焼いた豚肉とごまだれで、
いくらでも食べられます

**（ 1食材 ）**

# チンゲン菜の
# しょうがじょうゆ和え

淡白な味のチンゲン菜を、
おろししょうがでパンチのある味に

【 材料 ● 2人分 】

**チンゲン菜**──────1株

A ┌ しょうゆ ──────大さじ½
 │ 白だし ──────大さじ½
 └ おろししょうが ──小さじ1

1) チンゲン菜は1枚ずつはがし、茎は縦に
   2〜3等分に切る。葉はざく切りにする。
2) 耐熱容器に1)を入れてラップをふんわり
   かけ、電子レンジで1分30秒加熱する。
3) 2)の水けをきり、Aで和える。

**（ 1食材 ）**

# チンゲン菜の
# ラー油和え

【 材料 ● 2人分 】

**チンゲン菜**──────────1株

A ┌ 顆粒鶏がらスープの素 ─ 小さじ1
 │ すし酢 ──────────小さじ1
 └ 塩 ──────────────少々
 ラー油 ──────────大さじ½

1) チンゲン菜は1枚ずつはがし、茎は縦に
   2〜3等分に切る。葉はざく切りにする。
2) 耐熱容器に1)を入れてラップをふんわり
   かけ、電子レンジで1分30秒加熱する。
3) 2)の水けをきり、Aで和える。器に盛り、
   ラー油をかける。

中華料理の副菜です。
酢とラー油でピリ辛さっぱり味に

# 豆苗

*Pea Sprouts*

👉 1パック = 130g

長さを3cmにカットすると食べやすくなります。
オイルやアジア風の味つけと特に相性よし。新鮮なら生でも食べられます。

豆苗独特の風味とアジアンテイストがマッチ

フライパン

## 豆苗のアジアンそぼろ

【 材料 ● 2人分 】

| | | | | | |
|---|---|---|---|---|---|
| 豆苗 | 1パック | | オイスターソース | 大さじ1 | |
| 合いびき肉 | 100g | | 砂糖 | 小さじ1 | |
| にんにく(みじん切り) | 1かけ | A | しょうゆ | 小さじ1 | |
| | | | レモン汁 | 小さじ1 | |
| | | | 塩 | ひとつまみ | |

1) 豆苗は根元を切り落として3cm長さに切り、器に盛る。

2) フライパンににんにく、ひき肉を入れて中火にかけ、ひき肉の色が変わるまで炒める。Aを加えて1分炒め、1)にかける。

( フライパン )

# 豆苗とそうめんのバリバリサラダ

【 材料 ● 2人分 】

| | |
|---|---|
| **豆苗** | 1パック |
| そうめん | ½束(25g) |
| 揚げ油 | 適量 |
| 揚げ玉 | 大さじ1 |
| 刻みのり | 適量 |
| A ┌ めんつゆ (2倍濃縮タイプ) | 大さじ1 |
|    └ ごま油 | 小さじ1 |

1) 豆苗は根元を切り落として3cm
   長さに切り、器に盛る。
2) そうめんは2cm長さに折る。フ
   ライパンの深さ1cmまで揚げ油
   を注いで180℃に熱し、そうめ
   んをきつね色になるまで揚げる。
3) 1)の上に2)をのせ、揚げ玉を散
   らし、刻みのりをのせる。**A**を
   よく混ぜてかける。

揚げそうめんの
バリバリ食感がアクセント

( 1食材 )

# 豆苗のおひたし

【 材料 ● 2人分 】

| | |
|---|---|
| **豆苗** | 1パック |
| A ┌ 削り節 | 1袋(2g) |
|    └ めんつゆ (2倍濃縮タイプ) | 大さじ1 |

1) 豆苗は根元を切り落として3cm
   長さに切る。耐熱ボウルに入れ
   てラップをふんわりかけ、電子
   レンジで1分30秒加熱する。
2) 1)の水けをきり、**A**で和える。

電子レンジで
すぐできるおかず

# に ら

*Chinese Chive*

☞ 1束 = 100g

疲れたときにとりたい栄養たっぷりの野菜です。
脇役になりがちですが、にらだけでおいしい副菜がいろいろ作れます。

ラーメン屋さんで出会った味を家でも手軽に

〔 1食材 〕

## やみつき壺にら

【 材料 ● 作りやすい分量 】

| | にら | 1束 |
|---|---|---|
| | ごま油 | 大さじ1 |
| | 顆粒鶏がらスープの素 | 小さじ½ |
| A | おろしにんにく | 小さじ¼ |
| | 塩 | 小さじ⅓ |
| | こしょう | 適量 |
| | 糸唐辛子 | 適宜 |

1) にらは4cm長さに切る。
2) 1)とAをボウルに入れ、よく
   もむ。あれば糸唐辛子をのせ
   る。(冷蔵で2日間保存可)

電子レンジ

# にらのツナ和え

【 材料 ● 4人分 】

| | |
|---|---|
| **にら** | 1束 |
| ツナ缶（オイル缶。油をきる） | 1缶（80g） |
| 乾燥わかめ | 3g |
| めんつゆ（2倍濃縮タイプ） | 大さじ1 |
| ポン酢しょうゆ | 大さじ1 |

1) にらは3cm長さに切る。耐熱容器に入れてラップをふんわりかけ、電子レンジで1分30秒加熱し、水けをきる。
2) わかめは水で戻して水けをきる。
3) 全ての材料をボウルに入れて混ぜる。（冷蔵で3日間保存可）

サラダ感覚で食べるにらレシピ。和風味で食べ飽きません

フライパン

# にらじゃこ炒め

【 材料 ● 4人分 】

| | |
|---|---|
| **にら** | 1束 |
| ちりめんじゃこ | 大さじ6 |
| サラダ油 | 小さじ1 |
| めんつゆ（2倍濃縮タイプ） | 小さじ1 |

1) にらは2cm長さに切る。
2) フライパンにサラダ油を中火で熱し、ちりめんじゃこをカリカリになるまで炒める。
3) 2)ににらを加えて炒め、全体に火が通ったら、めんつゆを加え、汁けがなくなるまで炒める。（冷蔵で3日間保存可）

にらの甘さが引き立ちます

# ほうれん草

*Spinach*

☛ 1束 = 200g

ゆでたほうれん草があれば、和えものがいくらでも作れます。
数あるレシピの中からおすすめ5選を紹介します。

miki流
ほうれん草の
## アレンジ術

### レンジで簡単！
### 基本のゆで方

1) ほうれん草200gは
さっと洗い、水けを
きらずにラップで包
み、電子レンジで2
分加熱する。

2) 1)のほうれん草を水
にさらしてあくを取
り、水けを絞って3
cm長さに切る。好み
の和え衣で和える。

## 納豆和え

【 材料 ● ゆでほうれん草200g分 】

| | |
|---|---|
| 納豆 | 1パック |
| 小ねぎ（小口切り） | 大さじ3 |
| ポン酢しょうゆ | 大さじ1 |
| 塩 | ひとつまみ |

## チーズ和え

【 材料 ● ゆでほうれん草200g分 】

| | |
|---|---|
| ベビーチーズ（6mm角に切る） | 2個 |
| 削り節 | 1袋（2g） |
| みそ | 小さじ1 |
| オリーブオイル | 大さじ1 |
| 塩 | ひとつまみ |

## ナ ム ル

【 材料 ● ゆでほうれん草200g分 】

| | |
|---|---|
| すり白ごま | 大さじ1 |
| ごま油 | 大さじ1 |
| 顆粒鶏がらスープの素 | 小さじ1 |
| 塩 | ひとつまみ |

## の り 和 え

【 材料 ● ゆでほうれん草200g分 】

| | |
|---|---|
| のり(全型)<br>(1㎝四方にちぎる) | 1枚 |
| めんつゆ<br>(2倍濃縮タイプ) | 小さじ2 |
| しょうゆ | 小さじ1 |

## ご ま 和 え

【 材料 ● ゆでほうれん草200g分 】

| | |
|---|---|
| すり黒ごま | 大さじ2 |
| 白だし | 小さじ1 |
| しょうゆ | 小さじ1 |
| 砂糖 | 小さじ1 |
| 塩 | ひとつまみ |

（全て冷蔵で３日間保存可能）

( 電子レンジ )

# ほうれん草と
# ゆで卵のサラダ

( フライパン )

# ほうれん草ボール

削り節が味の決め手!

チーズとみそが隠し味。
野菜が苦手なお子さんにも

【 材料 ● 2人分 】

| ほうれん草 | 100g |
|---|---|
| ゆで卵 | 2個 |
| A ┌ 白だし | 小さじ1 |
| ├ マヨネーズ | 大さじ1 |
| └ 削り節 | 1袋（2g） |

1) ほうれん草はさっと洗い、水けをきらずに
   ラップで包み、電子レンジで1分加熱する。
2) 1)のほうれん草を水にさらしてあくを取り、
   水けを絞って3cm長さに切る。
3) ゆで卵は8等分に切ってボウルに入れ、
   2)、Aも加えてさっと混ぜる。

【 材料 ● 2人分 】

| ほうれん草 | 200g |
|---|---|
| 鶏ひき肉 | 250g |
| A ┌ シュレッドチーズ | 50g |
| ├ みそ | 小さじ1 |
| └ 塩 | 小さじ1/3 |
| サラダ油 | 大さじ1 |
| トマトケチャップ | 適量 |

1) ほうれん草はさっと洗い、水けをきらずに
   ラップで包み、電子レンジで2分加熱する。
2) 1)のほうれん草を水にさらしてあくを取り、
   水けを絞ってみじん切りにする。
3) 2)とAを混ぜ、ひと口大に丸めて平らにす
   る。フライパンにサラダ油を中火で熱し、
   片面3分ずつ焼く。
4) 器に盛り、ケチャップを添える。

フライパン

# ほうれん草たっぷり にんにくチャーハン

フライパン

# チキンクリーム

ほうれん草とにんにくで
スタミナ満点

濃厚なクリームソースに
ほうれん草をたっぷり加えました

## 【 材料 ● 2人分 】

| ほうれん草 | 200g |
| ご飯 | 360g |
| サラダ油 | 大さじ1 |

A
- 合いびき肉 —— 100g
- にんにく —— 2かけ分
  （みじん切り）

B
- 顆粒鶏がらスープの素 —— 小さじ½
- しょうゆ —— 小さじ1
- 塩 —— 小さじ⅓
- こしょう —— 適量

1) ほうれん草はさっと洗い、水けをきらずに
　　ラップで包み、電子レンジで2分加熱する。
2) 1)のほうれん草を水にさらしてあくを取り、
　　水けを絞ってみじん切りにする。
3) フライパンにサラダ油を中火で熱し、Aを
　　炒める。火が通ったら2)を加えて2分炒める。
4) 3)にご飯を加えて混ぜながら炒め、Bを加
　　えてさらに1分炒める。

## 【 材料 ● 2人分 】

| ほうれん草 | 100g |
| 鶏もも肉 | 300g |

A
- 塩 —— 小さじ⅓
- こしょう —— 適量
- サラダ油 —— 大さじ1

| 牛乳 | 200㎖ |

B
- 顆粒コンソメスープの素 —— 小さじ1
- 小麦粉 —— 大さじ1
- 塩 —— ひとつまみ

1) ほうれん草はさっと洗い、水けをきらずに
　　ラップで包み、電子レンジで1分加熱する。
2) 1)のほうれん草を水にさらしてあくを取り、
　　水けを絞ってみじん切りにする。
3) 鶏肉はひと口大に切り、Aをなじませる。
4) フライパンにサラダ油を中火で熱し、3)を
　　片面3分ずつ焼く。2)も加えて炒める。
5) ボウルにBを入れて泡立て器で混ぜる。4)
　　に加え、かき混ぜながら汁けが半分になる
　　まで強めの中火で煮詰める。

# 水 菜

*Mizuna*

☞ 1束 = 200g

サラダはもちろん、焼いてもおいしい野菜です。サラダにするときには
たっぷりの水にさらしたあと、冷蔵室でしっかり冷やすとシャキッとします。

ザクザク切って漬け込むだけ

１食材

## 水菜の浅漬け

【 材料 ● 作りやすい分量 】

| 水菜 | 1束 | 酢 | 大さじ1 |
| --- | --- | --- | --- |
| 水 | 100㎖ | 砂糖 | 小さじ1 |
| 白だし | 大さじ2 | 塩 | 小さじ½ |

1) 水菜は3㎝長さに切る。

2) ポリ袋に全ての材料を入れてもみ、冷蔵室で30分以上置き、味をなじませる。（冷蔵で5日間保存可）

( 電子レンジ )

# 水菜とカリカリ<br>じゃこのサラダ

【 材料 ● 2人分 】

**水菜**‥‥‥‥‥‥½束<br>ちりめんじゃこ‥‥‥大さじ3<br>オリーブオイル‥‥‥大さじ½<br>A ┌ポン酢しょうゆ‥‥‥大さじ1<br>└オリーブオイル‥‥‥大さじ1

1) 水菜は3cm長さに切る。
2) 耐熱皿にクッキングシートを敷き、ちりめんじゃこを広げて入れる。全体にオリーブオイルをかけ、電子レンジで1分加熱する。
3) 器に1)を盛り、2)をのせる。Aを混ぜてかける。

レンジでカリカリじゃこが<br>作れます

粉が少なめなので、<br>シャキシャキ食感が残ります

( フライパン )

# 水菜のチヂミ

【 材料 ● 2人分 】

**水菜**‥‥‥‥½束<br>ちくわ‥‥‥2本<br>A ┌卵‥‥‥‥1個<br>├小麦粉‥‥大さじ2<br>└片栗粉‥‥大さじ2<br>サラダ油‥大さじ1

B ┌ポン酢しょうゆ‥大さじ1<br>├ごま油‥‥‥‥‥小さじ1<br>└すり白ごま‥‥‥‥適量

1) 水菜は3cm長さに切る。ちくわは薄い輪切りにする。
2) ボウルに1)とAを入れて混ぜる。
3) フライパンにサラダ油を中火で熱し、2)をフライパンいっぱいに丸く広げて入れ、両面をこんがり焼く。
4) 3)を食べやすく切って器に盛り、Bを混ぜて添える。

# レ タ ス

*Lettuce*

☞ 1個＝300g　1枚＝30g

少し手を加えるだけで、サラダ以外の食べ方も楽しめます。レタスは鮮度が命。
芯をくりぬき、ぬれたキッチンペーパーを詰めて保存すると長持ちします。

〔 1食材 〕

## レタスの
## にんにくじょうゆ漬け

のりのようにご飯を巻いて食べます

【 材料 ● 作りやすい分量 】

| | |
|---|---|
| **レタス** | 1個 |
| にんにく（薄切り） | 2かけ分 |
| しょうゆ | 大さじ4 |
| ごま油 | 大さじ2 |
| すり白ごま | 大さじ1 |

1）　レタスはひと口大にちぎる。

2）　全ての材料を保存容器に入
　　れ、混ぜる。冷蔵室に30分
　　以上置き、味をなじませる。
　　（冷蔵で2日間保存可）

まるでチャーハン！ 炒めていないのに満足感があります

5分以内

# レタスとさけの混ぜご飯

【 材料 ● 1人分 】

| | |
|---|---|
| **レタス** | 2枚 |
| ご飯 | 180g |
| さけフレーク | 大さじ3 |
| 顆粒鶏がらスープの素 | 小さじ1 |
| **A** しょうゆ | 小さじ1 |
| 塩 | 少々 |
| こしょう | 少々 |
| 炒り白ごま | 適量 |

1） レタスはせん切りにする。

2） ご飯とAを混ぜ、味がなじんだらレ
   タスを加えてざっくり混ぜる。器に
   盛り、ごまをふる。

生春巻きだから
サンドイッチよりあっさり

フライパン

# ＢＬＴ生春巻き

【 材料 ● 5本分 】

| | | |
|---|---|---|
| **レタス**──────1個 | | マヨネーズ──大さじ2 |
| トマト──────1個 | A | 粉チーズ───小さじ1 |
| スライスチーズ──5枚 | | 牛乳─────大さじ1 |
| ベーコン─────10枚 | | |
| （ハーフサイズ） | | |
| 生春巻きの皮──5枚 | | |

1) レタスはひと口大にちぎる。トマトは薄切りを5枚作る。ベーコンはフライパンでさっと焼く。
2) 生春巻きの皮は水にくぐらせ、レタス、トマト、ベーコン、チーズ、レタスの順に等分にのせて巻き、食べやすい長さに切る。
3) Aを混ぜ、生春巻きに添える。

レタスがいくらでも食べられます

フライパン

# 春雨のレタス包み

【 材料 ● 4人分 】

| | | |
|---|---|---|
| **レタス**───好きなだけ | | 酒─────大さじ4 |
| 豚ひき肉─────100g | B | しょうゆ──大さじ4 |
| 春雨──────100g | | |
| ごま油────大さじ1 | | 小ねぎ────適量 |
| おろしにんにく──小さじ1 | C | （小口切り） |
| 豆板醤────小さじ½ | | 糸唐辛子──適量 |

(A is bracketing おろしにんにく・豆板醤)

1) 春雨は熱湯に3分ひたして戻し、水けをきって5cm長さに切る。
2) フライパンにごま油を中火で熱し、Aを炒める。香りが出たらひき肉とBを加えて炒める。
3) 煮立ったら春雨を加え、汁けがなくなるまで炒める。器に盛り、Cをのせる。
4) ちぎったレタスに3)をのせて食べる。

# CHAPTER 4

Cucumber, Avocado, Okra, Pumpkin, Bitter Melon, Zucchini, Tomato, Cherry Tomato, Eggplant, Green Pepper

## 実野菜のレシピ

# きゅうり

*Cucumber*

🖐 1本＝100g

miki流
きゅうりの
## アレンジ術

食べやすく切ったきゅうりと調味料をポリ袋に入れてもむだけ。
簡単でおいしい「ポリ袋漬け」になります。
調味料の組み合わせ次第で、色々なアレンジが楽しめます。
特におすすめの6選をご紹介。

## みそ漬け

【 材料 ● きゅうり3本分 】

みそ・・・・・・・ 大さじ1
みりん・・・・・・ 大さじ1
塩・・・・・・・・・・・・ 小さじ¼

## あっさり和風漬け

【 材料 ● きゅうり3本分 】

白だし・・・・・・・ 大さじ1
酢・・・・・・・・・・・・ 大さじ1
塩・・・・・・・・・・・・・ 小さじ¼

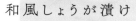

## 和風しょうが漬け

【 材料 ● きゅうり3本分 】

おろししょうが ・・・・・・・・・・・・・・・ 小さじ½
めんつゆ（2倍濃縮タイプ）・・・・ 大さじ2
塩・・・・・・・・・・・・・・・・・・・・・・・・・・・・・・・ 小さじ¼

（すべて冷蔵で3日間保存可）

## きゅうりの下ごしらえ

1) きゅうり3本は塩小さじ½をまぶして板ずりをする。
2) さっと洗って両端を落とし、1.5cm幅の乱切りにする。

## ゆずこしょう漬け

【 材料 ● きゅうり3本分 】

ゆずこしょう ……… 小さじ1
めんつゆ（2倍濃縮タイプ）… 大さじ2

## 梅漬け

【 材料 ● きゅうり3本分 】

梅干し（種を取り、果肉を細かくたたく）… 2個分
みりん …………………… 大さじ1

## 中華漬け

【 材料 ● きゅうり3本分 】

しょうゆ …… 大さじ1
酢 ………… 大さじ1
ごま油 …… 大さじ1
砂糖 ……… 小さじ1
塩 ………… 小さじ¼

一生使えるきゅうりの浅漬けレシピ

 人気　ポリ袋

# きゅうりと枝豆の浅漬け

【 材料 ● 作りやすい分量 】

| | | |
|---|---|---|
| **きゅうり** | 3本 | |
| 枝豆 | 100g | |
| 水 | 100ml | |
| 白だし | 大さじ2 | |
| 酢 | 大さじ1 | |
| A 昆布 | 3g | |
| 唐辛子（種をとる） | 1本 | |
| 砂糖 | 小さじ1 | |
| 塩 | 小さじ½ | |

1) きゅうりは塩小さじ½（分量外）をまぶして板ずりをし、さっと洗い、ピーラーで縞状に皮をむいて3cm幅に切る。
2) 枝豆はゆでて、さやから豆を出す。
3) ポリ袋に1)、2)、Aを入れて冷蔵室に半日以上置き、味をなじませる。食べる前に昆布をせん切りにする。（冷蔵で5日間保存可）

ポリ袋

# オイキムチ風

# きゅうりの
# ヨーグルトサラダ

冷蔵庫にある調味料で
お手軽オイキムチ

ヨーグルトとカレー粉で
さっぱりスパイシー風味

【 材料 ● 作りやすい分量 】

| きゅうり | 3本 |
| 塩 | 小さじ½ |
| ┌ 顆粒鶏がらスープの素 | 小さじ1 |
| コチュジャン | 大さじ2 |
| ごま油 | 大さじ1 |
| A 塩 | 小さじ⅓ |
| おろしにんにく | 小さじ½ |
| おろししょうが | 小さじ½ |
| └ すり白ごま | 適量 |

1) きゅうりは塩をまぶして板ずりをし、3cm長さに切って四つ割りにする。
2) ポリ袋に1)とAを入れて袋の上からもむ。（冷蔵で3日間保存可）

【 材料 ● 作りやすい分量 】

| きゅうり | 3本 |
| 塩 | 小さじ½ |
| ┌ ヨーグルト | 100g |
| レモン汁 | 大さじ1 |
| カレー粉 | 小さじ1 |
| A 塩 | 小さじ½ |
| おろしにんにく | 小さじ⅓ |
| └ 黒こしょう | 少々 |
| 糸唐辛子 | 適宜 |

1) きゅうりは薄い小口切りにする。ボウルに入れて塩もみをし、3分ほど置く。
2) 別のボウルにAを入れて混ぜる。
3) 1)の水けを絞り、2)に加えて和える。あれば糸唐辛子をのせる。（冷蔵で3日間保存可）

フライパン

## ぶっかけ おかずきゅうり

電子レンジ

## 即席きゅうりの佃煮

ご飯が進む佃煮。鍋よりも
ハードルの低いレンジで調理します

ご飯にたっぷりのせてどうぞ

【 材料 ● 作りやすい分量 】

| | | |
|---|---|---|
| **きゅうり** | 2本 | |
| しょうが（せん切り） | 1かけ分 | |
| 塩 | 小さじ½ | |
| A | しょうゆ | 大さじ2 |
| | みりん | 小さじ2 |
| | 酢 | 小さじ2 |
| | 砂糖 | 小さじ2 |

1) きゅうりは1cm幅の小口切りにする。耐
   熱ボウルに入れて塩もみをし、ラップを
   ふんわりかけ、電子レンジで2分加熱する。

2) きゅうりの水けを除いてボウルに戻し、
   しょうがとAを加えて混ぜる。再びラッ
   プをふんわりかけ、電子レンジで3分加
   熱する。

3) 2)の粗熱が取れたら、冷蔵室で30分以
   上冷やす。（冷蔵で5日間保存可）

【 材料 ● 作りやすい分量 】

| | | |
|---|---|---|
| **きゅうり** | 3本 | |
| 長ねぎ | ½本 | |
| ごま油 | 大さじ2 | |
| にんにく（みじん切り） | 小さじ1 | |
| A | ダシダ®※ | 大さじ1 |
| | 酒 | 大さじ1 |
| | しょうゆ | 大さじ1 |
| | 砂糖 | 小さじ1 |
| 糸唐辛子 | 適宜 | |

※牛骨エキスをベースにした韓国の調味料

1) きゅうりは縦四つ割りにし、5mm幅に切
   る。長ねぎはみじん切りにする。

2) フライパンにごま油を中火で熱し、長ね
   ぎ、にんにくを炒める。香りが出たらき
   ゅうりを加え、しんなりするまで炒める。

3) 2)にAを加え、汁けがなくなるまで炒め
   る。あれば糸唐辛子をのせる。（冷蔵で
   3日間保存可）

# ア ボ カ ド

*Avocado*

1個 = 200g

アボカドで料理するなら、完熟したものを選んで。
バターのようなクリーミーさが味わえます。皮が黒くてやわらかく、
へたの周りがへこんでいないものが完熟のサインです。

ねっとりとした濃厚な味わい

( 1食材 )

## ア ボ カ ド ピ ク ル ス

【 材料 ● 2人分 】

| | |
|---|---|
| **アボカド** | 1個 |
| にんにく | 1かけ |
| ローリエ | 1枚 |
| すし酢 | 大さじ3 |
| 塩 | 少々 |
| 黒こしょう | 少々 |

1) アボカドは包丁で縦にぐるりと切り目を
　入れ、2つに分ける。種を取って皮をむ
　き、7mm幅に切る。

2) にんにくは薄切りにする。

3) ポリ袋に全ての材料を入れ、冷蔵室に
　30分以上置き、味をなじませる。（冷蔵
　で3日間保存可）

混ぜるだけで絶品のディップに。
パンやクラッカーを添えてどうぞ

（ フライパン ）

# アボカドフライ

【 材料 ● 2人分 】

**アボカド** ────── 1個

A ┌ 小麦粉 ────── 大さじ4
　├ 水 ───────── 大さじ4
　└ マヨネーズ ─── 大さじ2

パン粉 ──────── 適量

揚げ油 ──────── 適量

中濃ソース ───── 適量

1) アボカドは包丁で縦にぐるりと切り目を
　入れ、2つに分ける。種を取って皮をむ
　き、8等分のくし形切りにする。

2) ボウルにAを入れて混ぜ、1)に絡めてパ
　ン粉をまぶす。

3) フライパンの深さ1cmまで揚げ油を注い
　で180℃に熱し、2)を入れて片面2分ず
　つ揚げる。

4) 器に3)を盛り、中濃ソースを添える。

（ 5分以内 ）

# アボカドディップ

【 材料 ● 作りやすい分量 】

**アボカド** ────── 1個

A ┌ マヨネーズ ───── 大さじ1
　├ クリームチーズ ─── 1個
　│（ポーションタイプ）
　├ レモン汁 ────── 小さじ1
　└ 塩 ───────── 少々

黒こしょう ────── 適量

クラッカー ────── 適量

1) アボカドは包丁で縦にぐるりと切り目を
　入れ、2つに分ける。果肉をスプーンで
　すくい、ボウルに入れる。

2) 1)のボウルにAを加え、マッシャーでつ
　ぶしながら混ぜる。

3) 器に2)を盛って黒こしょうをふり、クラ
　ッカーを添える。

サクサクの衣とねっとりのアボカド。
食感の違いが楽しいです

# オクラ

*Okra*

1本 =12g

欧米でもOKRAとしておなじみです。日本ではおひたしが定番ですが、
揚げたりスープにしたり、どんな調理をしてもおいしい一品になります。

ゆでて白だしを絡めておくだけ

強い辛みがおつまみにぴったり

---

**1食材**

## 白だしオクラ

【 材料 ● 2人分 】

| | |
|---|---|
| **オクラ** | 10本 |
| 塩 | 適量 |
| 白だし | 小さじ1 |

1) オクラは塩もみをしてがくを取る。
2) 鍋に湯を沸かし、1)をゆでる。
3) 2)の水けをきり、3等分に切って白だしを絡める。（冷蔵で5日間保存可）

---

**5分以内**

## 激辛オクラ

【 材料 ● 2人分 】

| | | |
|---|---|---|
| | **オクラ** | 8本 |
| | 玉ねぎ | ¼個 |
| A | みりん | 大さじ1 |
| | しょうゆ | 大さじ1 |
| | 豆板醤 | 小さじ1 |
| | 顆粒鶏がらスープの素 | 小さじ½ |

1) オクラはがくを取って5mm幅の小口切りにする。玉ねぎはみじん切りにする。
2) 耐熱ボウルに1)とAを入れて混ぜる。ラップをふんわりかけ、電子レンジで2分加熱する。

トースター

# チ ー ズ オ ク ラ

【 材料 ● 2人分 】

**オクラ** ──────── 8本
塩 ─────────── 適量

A
┌ オリーブオイル ── 大さじ1
│ しょうゆ ──────── 小さじ1
│ 塩 ─────────── 少々
└ こしょう ──────── 少々

B
┌ 粉チーズ ──────── 大さじ3
└ オリーブオイル ── 大さじ2

1) オクラは塩もみをしてがくを取り、縦半分に切る。**A**を絡める。
2) トースターの天板にクッキングペーパーを敷き、**B**をまんべんなく広げる。
3) オクラの断面を下にして2)に置き、トースターで7〜8分焼く。

粉チーズとオリーブオイルは
ためらわずにたっぷり広げて

人気 フライパン

# オ ク ラ の ス パ イ シ ー か ら 揚 げ

【 材料 ● 2人分 】

**オクラ** ──────── 10本
塩 ─────────── 適量

A
┌ カレー粉 ──────── 小さじ1
│ ガーリックパウダー ── 小さじ½
│ 塩 ─────────── 小さじ½
└ こしょう ──────── 適量

片栗粉 ─────────── 大さじ2
揚げ油 ─────────── 適量

1) オクラは塩もみをしてがくを取り、1cm幅に切る。
2) ポリ袋に1)と**A**を入れて混ぜる。片栗粉を大さじ1ずつ2回に分けて加え、全体にまぶす。
3) フライパンの深さ1cmまで揚げ油を注いで180℃に熱し、2)をカリッと揚げる。

暑い夏に食べたい
カレー風味のから揚げです

# か ぼ ち ゃ

*Pumpkin*

1個＝1200g

おかずにもスイーツにもなるかぼちゃ。甘さを生かした料理に最適です。
かたいときは、レンジで少し加熱すると切りやすくなります。

デザートやお弁当のすき間おかずに

【 1食材 】

## かぼちゃボール

【 材料 ● 10個分 】

かぼちゃ ────── 300g

A ┌ バター ────── 10g
　├ 牛乳 ────── 大さじ2
　├ 砂糖 ────── 大さじ2
　└ 塩 ────── ひとつまみ

1) かぼちゃはわたを取って皮をむき、ひと
　 口大に切る。耐熱容器に入れてラップを
　 ふんわりかけ、電子レンジで5分加熱する。
2) 1)をマッシャーでなめらかになるまでつ
　 ぶし、Aを混ぜてひと口大に丸める。

ちょっとかためにゆでた
かぼちゃが漬けもの風に

【 ポリ袋 】

## かぼちゃの
## 塩昆布漬け

【 材料 ● 2人分 】

かぼちゃ ────── 100g

A ┌ 塩昆布 ────── 5g
　└ ごま油 ────── 小さじ1

1) かぼちゃはわたを取って 5mm幅に切る。
　 鍋に湯を沸かし、1分ゆでて水けをきる。
2) ポリ袋に1)とAを入れて絡める。冷蔵室
　 に30分以上置き、味をなじませる。

焼いてひたすだけの簡単調理。夏に食べたくなる味です

( 1食材 )

# かぼちゃの焼きびたし

【 材料 ● 2人分 】

| | | |
|---|---|---|
| **かぼちゃ** | | 200g |
| A | めんつゆ（2倍濃縮タイプ） | 大さじ2 |
| | 酒 | 大さじ1 |
| | みりん | 大さじ1 |
| | しょうゆ | 大さじ1 |
| | サラダ油 | 大さじ2 |

1）かぼちゃはわたを取って5mm幅に切る。

2）耐熱容器にAを入れてラップをふんわりかけ、電子レンジで1分加熱する。

3）フライパンにサラダ油を中火で熱し、かぼちゃを片面2分ずつ焼く。

4）2）に3）をひたす。

みんなが好きなものを
詰めました

時短

# かぼちゃの
# 爆弾だんご

【 材料 ● 4人分 】

| かぼちゃ | 300g |  | 片栗粉 | 大さじ2 |
|---|---|---|---|---|
| ソーセージ | 3本 | A | コーン | 50g |
| ベビーチーズ | 2個 |  | 塩 | 小さじ⅓ |
|  |  |  | サラダ油 | 大さじ1 |

1) かぼちゃはわたを取って皮をむき、ひと口
   大に切る。耐熱容器に入れてラップをふん
   わりかけ、電子レンジで5分加熱する。
2) ソーセージは5mm幅、チーズは1cm角に切る。
3) 1)をマッシャーでなめらかになるまでつぶ
   し、2)とAを加えて混ぜ、ひと口大に丸め
   て平らにする。
4) フライパンにサラダ油を中火で熱し、3)
   を並べて片面2〜3分ずつ焼く。

甘じょっぱい味で箸が止まらない

フライパン

# かぼちゃきんぴら

【 材料 ● 2人分 】

| かぼちゃ | 150g |
|---|---|
| サラダ油 | 大さじ1 |
| A みりん | 大さじ1 |
| しょうゆ | 大さじ1 |

1) かぼちゃはわたを取って細切りにする。
2) フライパンにサラダ油を中火で熱し、1)を
   3分炒める。
3) 2)にAを加え、汁けがなくなるまで炒める。

（ フライパン ）

# かぼちゃと
# きのこのマヨ炒め

【 材料 ● 2人分 】

**かぼちゃ** ────── 100g
エリンギ ────── 1パック
しめじ ────── 1パック
ベーコン ────── 4枚
（ハーフサイズ）

サラダ油 ────── 大さじ1

A ┌ マヨネーズ ────── 大さじ1
　├ めんつゆ ────── 小さじ2
　└ （2倍濃縮タイプ）

パセリ ────── 適量
（みじん切り）

1) かぼちゃはわたを取って3mm幅の薄切りに
　する。エリンギも3mm幅の薄切りにする。
　ベーコンは短冊切り、しめじは石づきを取
　り、小房に分ける。

2) フライパンにサラダ油を中火で熱し、1)を
　炒める。かぼちゃに火が通ったら、Aを加え、
　1分炒める。器に盛り、パセリをのせる。

相性のよいきのこを
たっぷり加えて炒めました

（ トースター ）

# かぼちゃの
# マヨチーズグラタン

【 材料 ● 2人分 】

**かぼちゃ** ────── 100g

A ┌ マヨネーズ ────── 小さじ1
　└ 塩 ────── 少々

シュレッドチーズ ────── 15g

1) かぼちゃはわたを取って5mm幅に切る。鍋
　に湯を沸かし、1分ゆでて水けをきる。

2) 耐熱容器に1)、Aを入れて混ぜ、チーズを
　のせてトースターで5分焼く。

ホワイトソースがなくても
満足できるグラタンです

# ゴーヤ

*Bitter Melon*

📖 1本= 250g

砂糖や塩でもんだり、熱湯をかけると苦みがやわらぎ、食べやすくなります。
また、味つけ次第で苦みがうまみに変わります。

1食材

## ゴーヤの梅おかか和え

ゴーヤの苦みと梅干しの酸味で
疲れた体が癒されます

【 材料 ● 作りやすい分量 】

| | |
|---|---|
| **ゴーヤ** | 1本 |
| 梅干し | 1個 |
| A めんつゆ（2倍濃縮タイプ） | 小さじ1 |
| 砂糖 | 小さじ1 |
| 削り節 | 2袋（4g） |

1) ゴーヤは縦半分に切ってわたを取り、薄
　切りにする。たっぷりの熱湯をかけ、苦
　みを取り除く。粗熱を取り、水けをきる。

2) 梅干しは種を取り除き、果肉を包丁で細
　かくたたく。

3) 1)、2)、Aを混ぜ、削り節もざっくり混ぜる。
　（冷蔵で3日間保存可）

## ゴーヤの肉チーズ巻き

人気 フライパン

とろーりチーズがゴーヤの
苦みをまろやかにしてくれます

【 材料 ● 2 人分 】

| | |
|---|---|
| ゴーヤ | 1本 |
| 豚ロース薄切り肉（しゃぶしゃぶ用） | 12 枚 |
| ベビーチーズ | 4個 |
| 塩 | 少々 |
| こしょう | 適量 |
| サラダ油 | 小さじ1 |
| 酒 | 大さじ2 |
| A みりん | 大さじ2 |
| しょうゆ | 大さじ2 |

1) ゴーヤは縦半分に切ってわたを取る。それぞれ 横3等分縦4等分に切り、24本のスティック状にする。ベビーチーズは1個を3等分に切る。
2) 豚肉を広げ、1枚につきゴーヤ2本とチーズ1切れをのせて巻き、表面に塩、こしょうをふる。
3) フライパンにサラダ油を中火で熱し、2)を並べる。片面が焼けたら上下を返し、酒を加えてふたをし、2分蒸し焼きにする。
4) 3)にAを加え、汁けがなくなるまで炒める。

## ゴーヤのソーセージ詰め

人気 フライパン

味はアメリカンドッグ！

【 材料 ● 2 人分 】

| | |
|---|---|
| ゴーヤ | 1本 |
| ソーセージ | 4本 |
| A マヨネーズ | 大さじ1 |
| 小麦粉 | 大さじ2 |
| 片栗粉 | 大さじ1 |
| 水 | 大さじ2 |
| 揚げ油 | 適量 |
| トマトケチャップ | 適量 |

1) ゴーヤは両端を切り落とし、横半分に切る。ナイフでわたの部分をくりぬき、ソーセージを2本ずつ詰める。ゴーヤに爪楊枝を刺してソーセージを固定し、7～8mm幅に切る。
2) Aを混ぜて衣を作り、1)をくぐらせる。
3) フライパンの深さ1cmまで揚げ油を注いで180℃に熱し、2)を片面3分ずつ揚げる。
4) 3)の油をきって器に盛り、ケチャップを添える。

# ズッキーニ

*Zucchini*

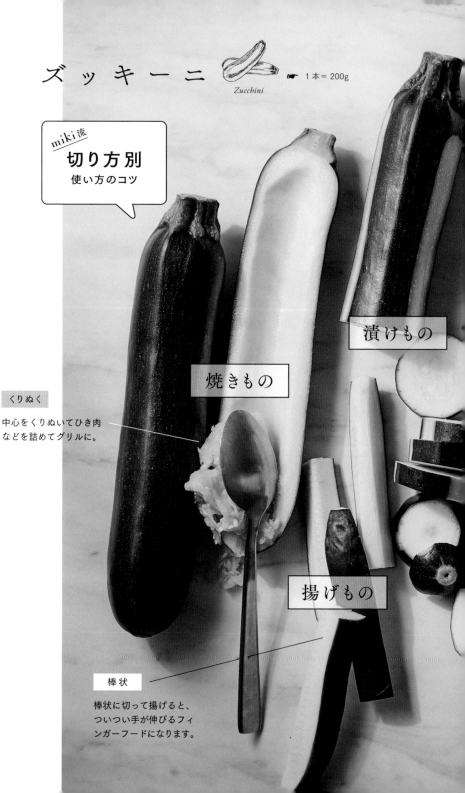

🔪 1本＝200g

miki流
## 切り方別
使い方のコツ

**漬けもの**

**焼きもの**

**くりぬく**

中心をくりぬいてひき肉
などを詰めてグリルに。

**揚げもの**

**棒状**

棒状に切って揚げると、
ついつい手が伸びるフィ
ンガーフードになります。

## 輪切り

かむと中からジュワッと
水分が出てくるズッキー
ニの定番の切り方です。
炒めものや揚げもの以外
にも、ピクルスなどの漬
けものにおすすめ。

## せん切り

せん切りにして塩もみを
すると、水分が抜けてた
くさん食べられます。お
肉のかさ増しにも便利。
ひき肉と混ぜると、ふわ
ふわ食感になります。

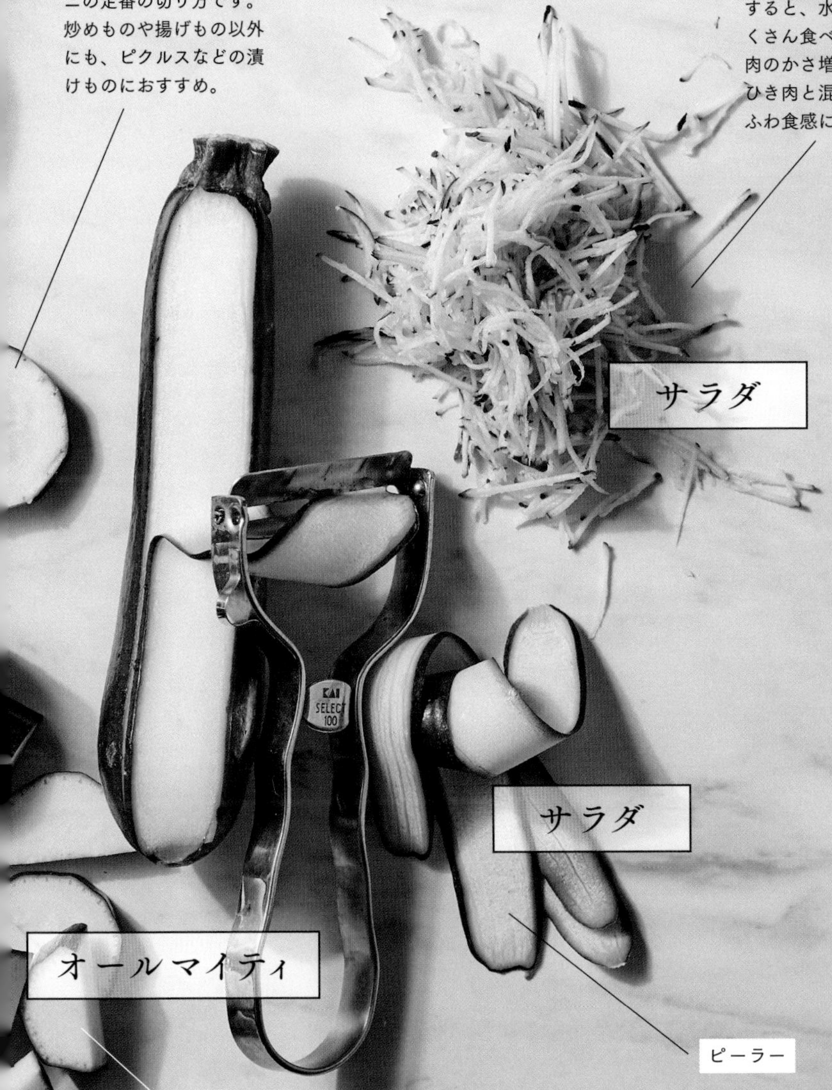

サラダ

サラダ

## オールマイティ

## 半月切り

炒めるも煮るもよしの、
万能な切り方。輪切りよ
りも小さい分、味がしみ
込みやすいです。

## ピーラー

ピーラーで薄く切り、ひ
らひらのサラダやマリネ
に。薄いので、調味料が
すぐになじみます。

にんにくの風味がしみ込んだピクルス

【 1食材 】

# ズッキーニの
# にんにくピクルス

輪切り

【 材料 ● 作りやすい分量 】

| | |
|---|---|
| ズッキーニ | ½本 |
| 酢 | 大さじ2 |
| にんにく (薄切り) | 1かけ分 |
| 砂糖 | 小さじ2 |
| 塩 | 2つまみ |
| こしょう | 少々 |

1) ズッキーニは両端を切り、縞状にピーラーで皮をむき、5mm幅の輪切りにする。

2) ポリ袋に全ての材料を入れ、袋の上からもみ込む。冷蔵室に30分以上置き、味をなじませる。(冷蔵で5日間保存可)

きゅうりと合わせることで味に深みが出ます

【 5分以内 】

# ズッキーニと
# きゅうりのナムル

ピーラー

【 材料 ● 2人分 】

| | |
|---|---|
| ズッキーニ | 1本 |
| きゅうり | 1本 |
| ┌ ごま油 | 大さじ1 |
| A │ 顆粒鶏がらスープの素 | 小さじ2 |
| │ 塩 | 小さじ⅓ |
| └ 炒り白ごま | 適量 |
| 糸唐辛子 | 適宜 |

1) ズッキーニときゅうりはピーラーで薄切りにして、キッチンペーパーで水けをふく。

2) 1)とAを和える。あれば糸唐辛子をのせる。

## ズッキーニの肉チーズ巻き くりぬく

中からとろとろのチーズがあふれ出てきます

【 材料 ● 2人分 】

| | |
|---|---|
| **ズッキーニ** | 1本 |
| 豚バラ薄切り肉 | 150g |
| シュレッドチーズ | 50g |
| 小麦粉 | 適量 |
| 塩 | 少々 |
| こしょう | 少々 |
| A ┌ 酒 | 大さじ2 |
| ├ しょうゆ | 大さじ2 |
| └ みりん | 大さじ2 |

1) ズッキーニを縦に半割りにし、中身をくりぬく。くりぬいた部分をみじん切りにし、チーズと混ぜてズッキーニのくぼみにのせる。

2) 豚肉を縦長に少し重ねながらズッキーニの長さに合わせて並べ、小麦粉を全体にふる。

3) ズッキーニを元の形になるように重ね合わせ、2)の上に置いて端からきつく巻き、塩、こしょうをふる。

4) 耐熱容器に3)とAを入れ、ラップをふんわりかけ、電子レンジで7分加熱する。2cm幅に切り、器に盛る。

野菜が苦手でも食べやすいミートボール。
中にたっぷりズッキーニが隠れています

（ フライパン ）

# ズッキーニミートボール （ せん切り ）

【 材料 ● 2人分 】

| | |
|---|---|
| **ズッキーニ** | 1本 |
| 合いびき肉 | 200g |
| 卵 | 1個 |
| 片栗粉 | 大さじ1 |
| 塩 | 小さじ¼ |
| こしょう | 適量 |
| サラダ油 | 小さじ1 |
| A 酒 | 大さじ2 |
| A トマトケチャップ | 大さじ2 |
| A 中濃ソース | 大さじ2 |

1) ズッキーニはせん切りにし、塩もみをして
水けを絞る。

2) ボウルに 1)、ひき肉、卵、片栗粉、こしょ
うを入れて練り混ぜる。ひき肉が白っぽく
なったら、ひと口大に丸めて平らにする。

3) フライパンにサラダ油を中火で熱し、2)
を片面2～3分ずつ焼く。火が通ったら、
フライパンの油をキッチンペーパーでふき
取り、A を加えて絡める。

( フライパン )

# ズッキーニの生ハム巻き揚げ 棒状

【 材料 ● 4人分 】

| | | | | |
|---|---|---|---|---|
| **ズッキーニ** | 1本 | B┌ | 粉チーズ | 適量 |
| 生ハム | 12枚 | └ | パン粉 | 適量 |
| A┌ 小麦粉 | 大さじ4 | | 揚げ油 | 適量 |
| │ 水 | 大さじ4 | | | |
| └ マヨネーズ | 大さじ2 | | | |

1) ズッキーニは長さを半分に切り、それぞれ縦に6本の棒状に切り、1本ずつ生ハムで巻く。

2) Aをボウルに入れて混ぜ、バッター液を作る。別の容器にBを入れて混ぜ、チーズパン粉を作る。

3) 1)の表面にバッター液をつけ、チーズパン粉をまぶす。

4) フライパンの深さ1cmまで揚げ油を注いで180℃に熱し、3)を入れ、片面3分ずつ揚げる。

生ハムとチーズでイタリアンテイスト

あと1品ほしいときや
お弁当のおかずにぴったり

( 電子レンジ )

# ズッキーニの ケチャップ煮 半月切り

【 材料 ● 2人分 】

| | |
|---|---|
| **ズッキーニ** | 1本 |
| ハム | 4枚 |
| A┌ オリーブオイル | 大さじ1 |
| │ トマトケチャップ | 大さじ2 |
| │ 顆粒コンソメスープの素 | 小さじ½ |
| │ 塩 | 少々 |
| └ こしょう | 適量 |

1) ズッキーニは5mm幅の半月切りにする。ハムは8等分に切る。

2) 耐熱容器に1)とAを入れて混ぜ、ラップをふんわりかけ、電子レンジで5分加熱する。

# トマト・ミニトマト

トマト
1個 =200g

ミニトマト
1個 = 10g

*Tomato / Cherry Tomato*

サラダやマリネなど生で食べておいしいトマトですが、加熱することで
うまみがギュッと凝縮します。酸味や特有のコクが調味料の役割もします。

大葉の香りとポン酢の酸味がさわやか

( 1食材 )

## 大葉風味の
## ポン酢トマト

【 材料 ● 作りやすい分量 】

**トマト**･･････････ 2個
大葉･･･････････････ 5〜10枚
ぽん酢しょうゆ･･･ 大さじ3

1) トマトは8等分のくし形切りにする。大葉は
　 細かく刻む。
2) ボウルに全ての材料を入れて和える。（冷蔵
　 で3日間保存可）

2種類のねぎを使いました。トマトもねぎも両方主役！

( 5分以内 )

## ねぎだくやみつきトマト

【 材料 ● 作りやすい分量 】

**トマト**･･･････････････ 2個

　┌ しょうが（みじん切り）･･････ 1かけ分
　│ 長ねぎ（みじん切り）･･･････ 5cm分
　│ 小ねぎ（小口切り）･･････ 大さじ2
A │ めんつゆ（2倍濃縮タイプ）･･･ 大さじ2
　│ しょうゆ ･･････････････ 大さじ1
　│ ごま油 ･･････････････ 大さじ1
　└ 砂糖 ･･････････････ 小さじ½

1) トマトは半分に切って5mm幅の薄切りにし、
　 器に盛る。
2) ボウルにAを入れて混ぜ、1)にかける。（冷蔵
　 で3日間保存可）

京都の洋食屋さんで感激したトマトサラダを再現

人気　（5分以内）

# 丸ごとトマトサラダ

【 材料 ● 2人分 】

| | | |
|---|---|---|
| **トマト** | 2個 |
| きゅうり | ½本 |
| A ┌ ツナ缶<br>（オイル缶。油をきる） | 1缶（80g） |
| └ マヨネーズ | 大さじ1 |

| | |
|---|---|
| B ┌ マヨネーズ | 大さじ1 |
| │ トマトケチャップ | 大さじ1 |
| │ オリーブオイル | 大さじ1 |
| └ レモン汁 | 小さじ1 |
| 黒こしょう | 少々 |

1) トマトのお尻に浅く十字の切り込みを入れる。熱湯に1分入れて氷水に移し、皮をむく。

2) きゅうりは薄切りにし、Aと混ぜる。

3) ボウルにBを入れ、よく混ぜる。

4) 器に2)を敷いてトマトをのせ、3)のソースをかけ、黒こしょうをふる。

カプレーゼをトースターで焼いてホットサラダに

( トースター )

# カプレーゼ焼いちゃった

【 材料 ● 2人分 】

| | | |
|---|---|---|
| **トマト** | | 2個 |
| モッツァレラチーズ | | 1個 |
| 大葉 | | 6枚 |
| ┌ オリーブオイル | | 大さじ1 |
| A ├ 塩 | | 少々 |
| ├ 黒こしょう | | 少々 |
| └ ガーリックパウダー | | 適量 |

1) トマトとモッツァレラチーズは半分に切り、5mm幅に切る。大葉は半分に切る。

2) 耐熱容器にトマト、チーズ、大葉の順に繰り返して並べる。

3) 2)にAをかけ、トースターでチーズが溶けるまで焼く。

【 フライパン 】

# トマトクリームバター

【 材料 ● 作りやすい分量 】

| | |
|---|---|
| **トマト** | 1個 |
| クリームチーズ（ポーションタイプ） | 3個 |
| バター | 30g |
| おろしにんにく | 小さじ½ |
| 塩 | 小さじ¼ |
| こしょう | 適量 |

1) トマトは横半分に切って種を取り出し、適当な大きさに切る。
2) フライパンに油を引かず、1)を入れて中火にかけ、トマトの表面が乾くまで水けを飛ばしながら焼く。
3) 2)の粗熱が取れたらフードプロセッサーに他の材料とともに入れ、なめらかになるまで攪拌する。（冷蔵で3日間保存可）

サラダにかけたり、バゲットにぬったり。
ゆでえびにかけるとごちそうに！

【 電子レンジ 】

# トマトのファルシー

【 材料 ● 2人分 】

| | |
|---|---|
| **トマト** | 2個 |
| 合いびき肉 | 200g |
| A 塩 | 小さじ½ |
| 黒こしょう | 少々 |
| マヨネーズ | 大さじ1 |
| パン粉 | 大さじ2 |
| シュレッドチーズ | 50g |
| パセリ（みじん切り） | 適量 |

1) トマトは横半分に切って種を取り出す。
2) ボウルにひき肉とAを入れて練り混ぜる。ひき肉が白っぽくなったら1)のトマトに詰める。
3) 耐熱容器に2)を入れてラップをふんわりかけ、電子レンジで3分加熱する。
4) 3)を取り出し、チーズをかけてさらに3分加熱する。器に盛り、パセリをのせる。

オーブン料理をレンジで簡単に。
チーズを後のせするのがコツ

( ポリ袋 )

# サルサ風トマト

【 材料 ● 作りやすい分量 】

| | |
|---|---|
| **トマト** | 2個 |
| 玉ねぎ | ¼個 |
| ピーマン | 1個 |
| にんにく（薄切り） | 1かけ分 |
| 塩 | 小さじ½ |
| レモン汁 | 大さじ1 |
| タバスコ® | 適量 |

1) トマトは8等分のくし形切りにする。

2) 玉ねぎは薄切りにする。ピーマンは細切りにする。

3) 全ての材料をポリ袋に入れて混ぜ、冷蔵室に30分以上置き、味をなじませる。（冷蔵で3日間保存可）

タコスに添えます。
サンドイッチの具にも！

──── ( トマトの裏技 ) ────

トマトを横から切ると、切り口が「萌え断」に。種を一気に取り除くこともできます。

トマトが赤くないときは、へたを下にして室温（15〜20℃）の場所に置き、追熟させればきれいな赤色に。追熟後は冷蔵保管しましょう。

のりとしょうがで風味よく

( 1 食材 )

# ミニトマトの
# のりしょうがマリネ

【 材料 ● 2人分 】

**ミニトマト** ──────── 10個
おろししょうが ──────── 小さじ1
のり（全型） ──────── ½枚
めんつゆ（2倍濃縮タイプ） ── 大さじ1
塩 ──────── 小さじ½

1) ミニトマトは半分に切る。のりは1cm
　 四方にちぎる。
2) ボウルに全ての材料を入れて和える。

( 5分以内 )

# ミニトマトと
# チーズのみそマリネ

【 材料 ● 作りやすい分量 】

**ミニトマト** ──────── 10個
ベビーチーズ ──────── 2個
A ┌ みそ ──────── 大さじ1
　│ オリーブオイル ──── 大さじ1
　│ 酢 ──────── 大さじ1
　└ 砂糖 ──────── 小さじ1
パセリ（みじん切り） ──── 適宜

1) ミニトマトは半分に切る。ベビーチー
　 ズは5mm角に切る。
2) ボウルに **A** を入れてよく混ぜ、1) を
　 和える。あればパセリをのせる。（冷
　 蔵で3日間保存可）

みそとチーズ。
発酵食品のかけ合わせがヘルシー！

CHAPTER 4 ── 実野菜のレシピ

---

【 ポリ袋 】

# ミニトマトの
# 丸ごとマリネ

【 材料 ● 作りやすい分量 】

| | |
|---|---|
| ミニトマト | 20 個 |
| モッツァレラチーズ | 1個 |
| 大葉 | 5枚 |
| オリーブオイル | 大さじ3 |
| 塩 | 小さじ½ |

1） ミニトマトは爪楊枝で5、6か所穴を開ける。ボウルに入れて熱湯をかけ、1分たったら冷水に移し、皮をむく。
2） モッツァレラチーズは1cm角に切る。大葉はみじん切りにする。
3） ポリ袋に全ての材料を入れて和え、冷蔵室に30分以上置き、味をなじませる。（冷蔵で3日間保存可）

---

【 1食材 】

# ミニトマトの
# はちみつ漬け

【 材料 ● 2人分 】

| | |
|---|---|
| ミニトマト | 10 個 |
| はちみつ | 大さじ2 |
| 塩 | ひとつまみ |

1） ミニトマトは爪楊枝で5、6か所穴を開ける。
2） ポリ袋に全ての材料を入れて冷蔵室に30分以上置き、味をなじませる。

そのまま食べるだけでなく、
冷製パスタにも！

はちみつに漬けると甘酸っぱさが増します。おやつにもどうぞ

（フライパン）

# ミニトマトと 鶏のアヒージョ風

【 材料 ● 2人分 】

ミニトマト　　　　10 個
鶏もも肉　　　　　1枚
┌ 酒　　　　　　　大さじ1
│ おろしにんにく　小さじ1
A│ 塩　　　　　　　小さじ1
└ 砂糖　　　　　　小さじ½
オリーブオイル 　大さじ3

1）　ミニトマトは半分に切る。鶏肉はひと口
　　大に切り、**A**をもみ込む。

2）　フライパンにオリーブオイルを中火で熱
　　し、ミニトマトと鶏肉を入れてときどき
　　混ぜながら6分焼く。

人気　（トースター）

# 春巻きの皮で ミニトマトパイ

【 材料 ● 5枚分 】

ミニトマト　　　　　　　　　　5個
ベーコン（ハーフサイズ）　　　4枚
春巻きの皮　　　　　　　　　　5枚
スライスチーズ　　　　　　　　5枚

1）　ミニトマトは3等分の輪切りにする。ベー
　　コンは5㎜幅に切る。

2）　春巻きの皮にオリーブオイル小さじ1（分
　　量外）をまんべんなくぬり広げ、半分に
　　折り、さらに半分に折る。同様に残り4
　　枚も折る。

3）　2)の上にチーズ、ベーコン、ミニトマト
　　をのせ、トースターで6分焼く。

多めのオリーブオイルで
アヒージョ風の味わいに

春巻きの皮にオイルをぬって
折るだけでパイ生地に！

# な　す

*Eggplant*

🥄 1本＝80g

和食、中華、イタリアンなど、どんな料理にも使えます。
なすが苦手な人は皮をむいて調理すると食べやすくなります。

割くと表面が凸凹になり、味がしみ込みやすくなります

【 1食材 】

## なすの浅漬け

【 材料 • 作りやすい分量 】

| なす | 1本 | | 水 | 100㎖ |
|---|---|---|---|---|
| 大葉 | 3枚 | | 白だし | 大さじ2 |
| | | A | 酢 | 大さじ1 |
| | | | 砂糖 | 小さじ1 |
| | | | 塩 | 小さじ½ |

1) なすはへたの部分に十字に切り込みを入れ、手で6等分に割る。大葉はせん切りにする。

2) ポリ袋になすとAを入れて軽くもみ、冷蔵室で60分以上置いて味をなじませる。

3) 器に盛り、大葉を添える。（冷蔵で3日間保存可）

👑
人気　【 1食材 】

## つるんとなす

片栗粉でなすをコーティング。つるん、とろんとした食感に

【 材料 • 2人分 】

| なす | 2本 | | 水 | 200㎖ |
|---|---|---|---|---|
| 片栗粉 | 適量 | | 白だし | 大さじ1 |
| おろししょうが | 小さじ½ | A | しょうゆ | 大さじ½ |
| | | | みりん | 大さじ½ |
| | | | 塩 | ひとつまみ |

1) なすは皮をむいて1cm幅の細切りにし、片栗粉をまぶす。

2) 鍋にAを入れて中火にかけ、沸騰したら1)を入れて3〜4分煮る。

3) 器に2)を盛り、おろししょうがを添える。

（電子レンジ）

# レンジで揚げびたし

【 材料 ● 2人分 】

| | | | | |
|---|---|---|---|---|
| なす | 2本 | | サラダ油 | 大さじ2 |
| おろししょうが | 小さじ1 | | 水 | 大さじ3 |
| | | **A** | めんつゆ（2倍濃縮タイプ） | 大さじ2 |
| | | | しょうゆ | 小さじ1 |
| | | | 砂糖 | 小さじ1 |

1） なすは乱切りにする。
2） 耐熱容器に1）とAを入れて混ぜ、ラップをふんわりかけ、電子レンジで4分加熱する。
3） 器に盛り、おろししょうがを添える。

レンジだけで揚げびたし風の
煮ものができます。揚げるよりあっさり！

（フライパン）

# なすの皮の
# しょうがきんぴら

【 材料 ● 作りやすい分量 】

| | | |
|---|---|---|
| なすの皮 | 2本分 | |
| しょうが | 1かけ | |
| サラダ油 | 大さじ1 | |
| **A** | めんつゆ（2倍濃縮タイプ） | 小さじ1 |
| | 砂糖 | 小さじ½ |

1） なすの皮としょうがはせん切りにする。
2） フライパンにサラダ油を中火で熱し、1）を炒める。しんなりしたらAを加え、汁けがなくなるまで炒める。（冷蔵で3日間保存可）

しょうがを合わせることで、
辛みとさわやかさの効いたきんぴらに

( 時短 )

# なすと鶏の照り焼き

みその甘辛味でご飯が進むメインのおかず。

格子状の切り目にたれがしっかりしみ込みます

## 【 材料 ● 2人分 】

| | |
|---|---|
| **なす** | 2本 |
| 鶏もも肉 | 1枚 |
| 塩 | 少々 |
| サラダ油 | 大さじ1 |
| ┌ みそ | 大さじ1 |
| │ 酒 | 大さじ1 |
| A │ みりん | 大さじ1 |
| │ しょうゆ | 大さじ1 |
| └ おろしにんにく | 小さじ½ |
| 糸唐辛子 | 適量 |

1) なすは1cm幅の輪切りにし、片面に格子状の切り目を入れる。水に2分さらしてあく抜きをし、水けを軽くふく。

2) 耐熱ボウルに1)を入れ、ラップをふんわりかけ、電子レンジで3分加熱する。

3) 鶏肉はひと口大に切り、塩をふる。

4) フライパンにサラダ油を中火で熱し、鶏肉を焼く。火が通ったら2)とAを加え、汁けがなくなるまで煮詰める。器に盛り、糸唐辛子をのせる。

# なすチップス

【 材料 ● 2人分 】

| | | | |
|---|---|---|---|
| **なす** | 1本 | 片栗粉 | 適量 |
| A 塩 | 小さじ½ | 揚げ油 | 適量 |
| 水 | 500㎖ | 塩 | 少々 |
| | | トマトケチャップ | 適量 |

1) なすは2〜3㎜幅の輪切りにし、**A**に2分さらしてあく抜きをする。

2) なすがしんなりしたらよく絞り、キッチンペーパーで水けをふく。ポリ袋に入れ、片栗粉をまぶす。

3) フライパンの深さ1㎝まで揚げ油を注いで180℃に熱し、2)を1枚ずつ入れ、片面2分ずつ揚げる。

4) 器に3)を盛って塩をふり、ケチャップを添える。

ポテチと変わらないおいしさ！
なすの水分をしっかり取るのがポイント

# なすのミルフィーユピザ

【 材料 ● 2人分 】

| | |
|---|---|
| **なす** | 2個 |
| 豚ロース肉（しゃぶしゃぶ用） | 250g |
| 塩 | 少々 |
| こしょう | 適量 |
| シュレッドチーズ | 50g |
| ピザソース（市販） | 大さじ2 |
| パセリ（みじん切り） | 適宜 |

1) なすは3㎜幅の薄切りにする。

2) 耐熱容器になすと豚肉を交互に重ね、塩、こしょうをふる。

3) 2)にラップをふんわりかけ、電子レンジで5分加熱する。

4) 3)にピザソースとチーズをかけ、トースターで焦げ目がつくまで焼く。あればパセリをのせる。

なすがピザに化けます。重ねて加熱することで、肉のうまみがなすと一体化！

# ピーマン

*Green Pepper*

1個＝35g

よく冷やして生で食べたり、シャキシャキに炒めたり、くたっと煮たり。
火の入れ方で食感も味わいも変わり、飽きずに食べられます。

CHAPTER 4 ── 実野菜のレシピ

三色弁当の1色によく使います

火を使わずにすぐできる副菜！

---

【 1食材 】

## ピーマン漬け

【 材料 ● 作りやすい分量 】

ピーマン —— 2個

A
┌ 酢 ————— 小さじ1
│ 白だし ——— 小さじ½
│ 砂糖 ——— 小さじ½
└ 塩 ————— ひとつまみ

1) ピーマンは種とへたを取り、みじ
   ん切りにする。
2) ボウルに1)とAを入れて混ぜる。
   （冷蔵で3日間保存可）

---

【 5分以内 】

## 生ピーマンの
## ポン酢和え

【 材料 ● 2人分 】

ピーマン —— 3個

A
┌ 削り節 ——— 1袋（2g）
└ ポン酢しょうゆ —— 大さじ1

1) ピーマンは種とへたを取り、せん
   切りにする。
2) ボウルに1)とAを入れて混ぜる。

鶏むね肉を使えば、あっさり味に。節約にもなります。

（フライパン）

# ピーマンと鶏肉の
# チンジャオロースー

【 材料 ● 2人分 】

| | | |
|---|---|---|
| ピーマン | 2個 |
| 鶏むね肉 | 150g |
| A ┌ 酒 | 大さじ1 |
| ├ 片栗粉 | 大さじ1 |
| └ 塩 | 小さじ⅓ |
| サラダ油 | 大さじ1 |
| B ┌ オイスターソース | 大さじ1 |
| ├ しょうゆ | 大さじ1 |
| └ 水 | 大さじ1 |

1) ピーマンは種とへたを取り、縦にせん切りにする。

2) 鶏肉はせん切りにし、Aをもみ込む。

3) フライパンにサラダ油を中火で熱し、鶏肉を炒める。

4) 3)に火が通ったら1)を加えて炒め、しんなりしたらBを混ぜて加え、汁けがなくなるまで炒める。

お弁当にもおつまみにも。
お酒たっぷりなところが「京風」です

野菜と卵が一緒にとれます。
お弁当の彩りにもおすすめ

CHAPT──実野菜のレシピ

（ トースター ）

## ピーマンオムレツ

【 材料 ● 2人分 】

ピーマン ·············· 2個
卵 ························· 1個
　┌ 玉ねぎ（みじん切り）········ 大さじ1
A ├ マヨネーズ ·········· 小さじ1
　└ 塩 ······················ 少々
トマトケチャップ ·········· 適量

1) ピーマンは縦半分に切り、種を取り除く。
2) ボウルに卵を割り入れ、Aを加えて混ぜる。
3) 1)のくぼみに2)を入れ、オーブントースターで8分焼く。ケチャップをかける。

（ 電子レンジ ）

## ピーマンの
## 京風じゃこ煮

【 材料 ● 2人分 】

ピーマン ·············· 4個
ちりめんじゃこ ········ 大さじ2
酒 ························ 大さじ3
みりん ···················· 大さじ1
薄口しょうゆ ·········· 小さじ1

1) ピーマンは種とへたを取り、縦にせん切りにする。
2) 耐熱容器に全ての材料を入れて混ぜ、ラップをふんわりかけ、電子レンジで5分加熱する。

ピザ味にするとおいしさが倍増

ピーマンたっぷりの和えもの。
レンジだけで作れます

（電子レンジ）

# ピーマンのひき肉和え

【 材料 ● 2人分 】

| | |
|---|---|
| ピーマン | 4個 |
| 生くずきり | 180g |
| 豚ひき肉 | 100g |
| 顆粒鶏がらスープの素 | 小さじ2 |
| みりん | 大さじ1 |
| しょうゆ | 大さじ1 |

1) ピーマンは種とへたを取り、縦にせん切りにする。生くずきりはさっと洗って水けをきる。

2) 耐熱容器に全ての材料を入れて混ぜ、ラップをふんわりかけ、電子レンジで5分加熱する。

（トースター）

# ピーマンピザ

【 材料 ● 2人分 】

| | |
|---|---|
| ピーマン | 2個 |
| ベーコン（ハーフサイズ） | 2枚 |
| シュレッドチーズ | 40g |
| トマトケチャップ | 適量 |

1) ピーマンは縦半分に切り、種を取り除く。ベーコンは5mm幅に切る。

2) ピーマンのくぼみにベーコン、ケチャップ、チーズの順に入れ、トースターでチーズが溶けるまで焼く。

# MY FAVORITE

## 私 の お 気 に 入 り

### Ⓐ 包丁

**貝印**

オールステンレスの包丁。繋ぎ目がないため清潔に保て、持ちやすいので切るときに力が入れやすいです。

### Ⓑ キッチンばさみ

**貝印**

刃を分解して洗えるので清潔です。かたすぎない野菜を切るならこのはさみで十分。包丁いらずです。

### Ⓒ まな板

**エピキュリアン**

木材を圧縮したまな板で、刃当たりがやわらかく、洗って立てかけておくだけで、すぐ乾きます。

### Ⓓ 計量スプーン

**無印良品**

計量するときはもちろん、調味料などを混ぜる道具としても使っています。

### Ⓔ ピーラー

**貝印**

切れ味が抜群にいいです。ストレスなく皮をむけます。

### Ⓕ マッシャー

**無印良品**

均等に力が入ります。いろいろなゆで野菜をマッシュできます。

### Ⓖ すりおろし器

**貝印**

受け皿つきの優秀なすりおろし器です。大根などの野菜をストレスなくすりおろせます。

### Ⓗ ターナー

**貝印**

へらの薄さがポイントです。すき間がせまくてもすっと差し込めて、きれいに裏返すことができます。

### Ⓘ トング

**柳宗理**

繋ぎ目がないので、洗いやすいです。デザインが素敵なので、あえて見せて収納しています。

### Ⓙ ボウル

**iwaki**

ボウルとして使うだけでなく、レンジ加熱のときの耐熱容器として大活躍します。

### Ⓚ 計量カップ

**パイレックス**

計量するだけでなく、レンジ加熱できるところも魅力です。

### Ⓛ ステンレス菜箸

**貝印**

木のものとは違い、劣化が少なく、洗いやすいです。

### Ⓜ シリコーン　調理スプーン

**無印料品**

調理にはもちろん、お玉やスパチュラ代わりにも。1つで3役こなす優秀なスプーンです。

### Ⓞ ゼスター

**マイクロプレイン**

レストランで使用しているのに憧れて買いました。おもにしょうがやにんにくのすりおろしに使っています。

### Ⓝ せん切り器

**貝印**

野菜をこれでせん切りにすると食べやすくなる、魔法のせん切り器です。

### フライパン

**ターク**

1枚の鉄からできたフライパンです。最高の焼き目がつき、料理をおいしくしてくれます。

### 鍋

**STAUB**

このお鍋で料理をすると、食材の甘みや本来の味が引き出され、料理上手になった気分になれます。使いやすい直径14cmのものを愛用しています。

### 耐熱ガラスの保存容器

**iwaki**

作り置きおかずはこの容器に入れて保存します。食べる直前にこの容器ごと電子レンジにかけられるのも便利です。

### ホーローの保存容器

**野田琺瑯**

真っ白な色がたまらなく可愛いです。ホーローが酸化を防いでくれるので、料理が比較的長持ちします。

# CHAPTER 5

Broccoli, Green Asparagus, Green Beans, Celery, Bean Sprouts

## 花・茎・豆野菜のレシピ

# ブロッコリー

*Broccoli*

☞ 1株 = 250g

miki流
## 部位別
使い方のコツ

オールマイティ

炒めもの

### つぼみ

ゆでてサラダや和えものに。焼いたり炒めたりしてもおいしいオールマイティな部位です。汚れがたまりやすいので、ボウルに水を張り、つぼみを下にしてふり洗いをするとよいでしょう。ゆですぎると栄養が逃げていくので、少量の水で蒸しゆでするか、電子レンジ加熱がおすすめです。

### 茎

茎の部分にも栄養があるので、捨てるのはもったいない！ 短冊切りにして、おもに炒めものに使います。皮がかたいので、むいてから調理しましょう。

中華風のゆでブロッコリーです

# にんにくブロッコリー

つぼみ ＋ 茎

【 材料 ● 作りやすい分量 】

**ブロッコリー**──────1株
にんにく（薄切り）────2かけ分

A ┌ ごま油────────大さじ1
　├ 塩─────────小さじ2
　└ 水─────────500㎖

1) ブロッコリーは小房に分け、茎は皮をむいて薄切りにする。
2) フライパンににんにくとAを入れ、強火にかける。沸騰したら1)を入れ、ふたをして中火で2分ゆで、水けをきる。（冷蔵で3日間保存可）

# ブロッコリーの
# ごま酢和え　つぼみ

【 材料 ● 作りやすい分量 】

**ブロッコリー**──────1株

A ┌ 白だし────────大さじ1
　├ 酢─────────大さじ1
　├ ごま油───────小さじ1
　└ すり白ごま─────大さじ2

1) ブロッコリーは小房に分ける。
2) 耐熱皿にブロッコリーを並べて水大さじ2（分量外）をふりかけ、ラップをふんわりかけ、電子レンジで2分加熱する。
3) ボウルにAを入れて混ぜ、2)を和える。（冷蔵で2日間保存可）

箸休めにもお弁当のおかずにも大活躍

( 電子レンジ )

# ブロッコリーとささみの ヨーグルトサラダ つぼみ

**【 材料 ● 作りやすい分量 】**

| | |
|---|---|
| **ブロッコリー** | 1株 |
| 鶏ささみ（筋を取る） | 2本 |
| 酒 | 大さじ1 |
| ┌ ヨーグルト | 100g |
| （ギリシャヨーグルトがおすすめ） | |
| A ├ レモン汁 | 小さじ1 |
| ├ オリーブオイル | 小さじ1 |
| ├ おろしにんにく | 小さじ⅓ |
| └ 塩 | 小さじ½ |

1) ブロッコリーは小房に分ける。

2) 耐熱皿にブロッコリーを並べて水大さじ 2（分量外）をふりかけ、ラップをふん わりかけて電子レンジで2分加熱する。

3) 耐熱容器にささ身と酒を入れ、ラップを ふんわりかけ、電子レンジで3分加熱する。 粗熱が取れたら、食べやすくほぐす。

4) ボウルに**A**を入れて混ぜ、2)と3)を和え る。（冷蔵で2日間保存可）

たんぱく質がしっかりとれる低糖質サラダです

たんぱく質、ビタミン、ミネラルなど
バランスよくとれる栄養爆弾サラダ！

（電子レンジ）

# ブロッコリーの
# ツナひじきサラダ

つぼみ

【 材料 ● 4人分 】

| | | |
|---|---|---|
| **ブロッコリー** | | 1株 |
| 乾燥ひじき | | 10g |
| ツナ缶（オイル缶。油はきる） | | 1缶（80g） |
| A ┌ マヨネーズ | | 大さじ2 |
| └ しょうゆ | | 小さじ1 |
| 塩 | | 適量 |

1) ブロッコリーは小房に分ける。
2) 耐熱皿にブロッコリーを並べて水大さじ2
   （分量外）をふりかけ、ラップをふんわり
   かけ、電子レンジで2分加熱して水けをき
   る。ひじきは水で戻して水けをきる（ゆで
   る必要がある場合は、熱湯でさっとゆでる）。
3) ボウルにブロッコリー、ひじき、ツナを入
   れ、Aも加えて和える。味をみて塩で調える。

（フライパン）

# ブロッコリーの茎と
# メンマの炒めもの

茎

【 材料 ● 作りやすい分量 】

| | | |
|---|---|---|
| **ブロッコリーの茎** | | 1株分 |
| 味つきメンマ | | 50g |
| ごま油 | | 小さじ1 |
| 塩 | | 少々 |

1) ブロッコリーの茎は皮をむき、短冊切り
   にする。
2) フライパンにごま油を中火で熱し、1)を
   炒める。火が通ったらメンマ、塩を加
   えてさっと炒める。（冷蔵で3日間保存可）

茎をメンマと炒めて
中華風の小皿料理に

スペインオムレツの
ブロッコリーバージョン

（ フライパン ）

# ブロッコリーオムレツ

つぼみ ＋ 茎

## 【 材料 ● 2人分 】

| | | |
|---|---|---|
| **ブロッコリー** | | 1株 |
| 卵 | | 3個 |
| A | シュレッドチーズ | 50g |
| | ちりめんじゃこ | 大さじ4 |
| | 塩 | 小さじ½ |
| | 黒こしょう | 少々 |
| サラダ油 | | 大さじ1 |

1) ブロッコリーはみじん切りにする。

2) 耐熱容器に1)を入れてラップをふんわりかけ、電子レンジで2分加熱する。

3) 2)に卵を割りほぐし、Aを加えて混ぜる。

4) フライパンにサラダ油を中火で熱し、3)を流し入れてふたをする。周りが固まったら、裏返して3分焼く。

時短

# ブロッコリーのパスタサラダ

つぼみ ＋ 茎

【 材料 ● 作りやすい分量 】

ブロッコリー —————— 1株
マカロニ —————— 150g
A
┌ マヨネーズ —————— 大さじ2
│ 粉チーズ —————— 大さじ2
│ オリーブオイル ——— 大さじ1
│ おろしにんにく ——— 小さじ1
└ 塩 —————— 小さじ½

1) ブロッコリーはみじん切りにする。

2) 耐熱容器に1)を入れてラップをふんわりかけ、電子レンジで3分加熱し、マッシャーでつぶす。

3) マカロニは袋の表示通りに熱湯でゆでて水けをきり、粗熱を取る。

4) ボウルに2)、3)、Aを入れて和える。（冷蔵で2日間保存可）

鶏肉にブロッコリーをしのばせたヘルシーナゲット

👑 人気 　（フライパン）

# ブロッコリーナゲット

つぼみ ＋ 茎

## 【 材料 ●4人分 】

| | |
|---|---|
| **ブロッコリー** | 1株 |
| 鶏むね肉 | 1枚 |
| 玉ねぎ | ¼個 |
| A ┌ マヨネーズ | 大さじ1 |
| 　 小麦粉 | 大さじ2 |
| 　 片栗粉 | 大さじ2 |
| 　 塩 | 少々 |
| 　 └ こしょう | 少々 |
| サラダ油 | 大さじ1 |
| トマトケチャップ | 適量 |
| マスタード | 適量 |

1) ブロッコリーは小房に分け、茎は皮をむく。鶏肉と玉ねぎはひと口大に切る。

2) フードプロセッサーに1)とAを入れ、なめらかになるまで撹拌する。

3) フライパンにサラダ油を中火で熱し、2)をひと口大に丸めて並べ、片面2〜3分ずつ焼く。器に盛り、ケチャップ、マスタードを添える。

( 電子レンジ )

# ブロッコリーの 茎のコクうま和え

茎

【 材料 ● 作りやすい分量 】

**ブロッコリーの茎** ············· 1株分
A ┌ めんつゆ（2倍濃縮タイプ）······ 小さじ1
　 └ オイスターソース ············· 小さじ1

1) ブロッコリーの茎は皮をむき、細切り
　 にする。
2) 耐熱容器に1)を入れてラップをふんわ
　 りかけ、電子レンジで2分加熱する。
3) 2)にAを加えて和える。（冷蔵で3日
　 間保存可）

茎で作ったとは思えない
コクうまおかず！

( フライパン )

# ブロッコリーの 茎の豆板醤炒め

茎

【 材料 ● 作りやすい分量 】

**ブロッコリーの茎** ······ 1株分
サラダ油 ············· 小さじ1
A ┌ オイスターソース ······ 小さじ1
　 └ 豆板醤 ············· 小さじ½

1) ブロッコリーの茎は皮をむき、短冊切
　 りにする。
2) フライパンにサラダ油を中火で熱し、
　 1)を炒める。火が通ったらAを加え、
　 全体に絡める。（冷蔵で3日間保存可）

辛いおつまみが食べたくなったらこれ！

# グリーン アスパラガス

*Green Asparagus*

☛ 1本 = 20g

根元の皮は繊維が多いので、ピーラーでむいてから調理します。
火を通しすぎず、食感を残すのがおいしさのコツです。

( トースター )

## アスパラチーズタルト

【 材料 ● 1 ～ 2 人分 】

| | |
|---|---|
| **グリーンアスパラガス** | 7本 |
| 目玉焼き | 1個分 |
| 春巻きの皮 | 5枚 |
| スライスチーズ | 4枚 |
| オリーブオイル | 小さじ2 |
| 塩 | 少々 |
| 黒こしょう | 適量 |

1) アスパラガスは根元を1cm切り落とし、根元のかたい皮をピーラーでむき、4～5cm長さのぶつ切りにする。耐熱容器に入れてラップをふんわりかけ、電子レンジで1分加熱する。

2) 春巻きの皮の上面にオリーブオイル小さじ½をぬり、春巻きの皮を重ねる。同様にまたオリーブオイル小さじ½をぬり、春巻きの皮を重ねる。残りも同様に行う。

3) 2)の上にチーズを敷いて1)をのせ、トースターで焦げ目がつくまで焼く。

4) 3)の上に目玉焼きをのせ、塩、こしょうをふる。

春巻きの皮で作る簡単タルト。
後のせの目玉焼きから卵黄がとろ～り

だしがしみ込んだほっこり味

# アスパラの
# 白だし漬け

【 材料 ● 作りやすい分量 】

**グリーンアスパラガス**──── 10 本

A ┌ 水──────────── 大さじ2
　├ 白だし───────── 大さじ1
　└ 酒──────────── 大さじ1

1）アスパラガスは根元を1 cm切り落と
　　し、根元のかたい皮をピーラーでむ
　　く。長ければ半分に切る。
2）耐熱容器に1）とAを入れ、ラップを
　　ふんわりかけ、電子レンジで2分加
　　熱する。（冷蔵で2日間保存可）

# アスパラと生ハムの
# レモンサラダ

【 材料 ● 2人分 】

**グリーンアスパラガス** ──── 8本
生ハム ─────────── 4枚

A ┌ オリーブオイル ────── 小さじ1
　├ レモン汁 ───────── 小さじ1
　└ 白だし ────────── 小さじ1

1）アスパラガスは根元を1 cm切り落と
　　し、根元のかたい皮をピーラーでむ
　　き、斜め薄切りにする。耐熱容器に
　　入れ、ラップをふんわりかけ、電子
　　レンジで1分加熱する。
2）生ハムは細切りにする。
3）1）と2）をAで和える。

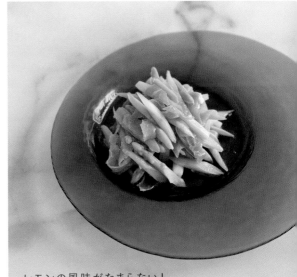

レモンの風味がたまらない！
あっさりしたアスパラサラダです

| 155 |

# さやいんげん

*Green Beans*

☞ 1本 =7g

油との相性がいいので、特に炒めものがおすすめです。
シャキッとした食感を生かしたいなら、火の通しすぎに要注意。

CHAPTER 5 ｜ 花・茎・豆野菜のレシピ

隠し味にみそを加えてコクを出しました

( 1食材 )

## いんげんのごま和え

【 材料 ● 2人分 】

| | | |
|---|---|---|
| **さやいんげん** | | 100g |
| A | すり白ごま | 大さじ1 |
| | めんつゆ（2倍濃縮タイプ） | 小さじ2 |
| | みそ | 小さじ1 |
| | 砂糖 | 小さじ1 |

1) さやいんげんは両端を切り落とし、2等分に切る。

2) 耐熱ボウルに1)を入れ、ラップをふんわりかけ、電子レンジで2分加熱する。

3) 2)を**A**で和える。（冷蔵で3日間保存可）

## いんげんのペペロン

にんにくが香る、箸が止まらないおかず。
お肉や魚の付け合わせにも

【 材料 ● 2人分 】

| | |
|---|---|
| さやいんげん | 100g |
| ベーコン（ハーフサイズ） | 4枚 |
| にんにく | 1かけ |
| オリーブオイル | 大さじ1 |

A
| | |
|---|---|
| 顆粒鶏がらスープの素 | 小さじ½ |
| 塩 | 小さじ⅓ |
| 砂糖 | 小さじ⅓ |

1) さやいんげんは両端を切り落とし、3等分に切る。にんにくは薄切りにする。ベーコンは1cm幅に切る。

2) フライパンにオリーブオイルを中火で熱し、1)を炒める。しんなりしたらAを加え、1分炒める。

## 坦々肉みそいんげん

ご飯の上にのせたら、これだけで丼になります

【 材料 ● 2人分 】

| | |
|---|---|
| さやいんげん | 100g |
| 合いびき肉 | 50g |
| 長ねぎ | 5cm |
| しょうが | ½かけ |
| にんにく | 1かけ |
| サラダ油 | 小さじ2 |

A
| | |
|---|---|
| 酒 | 大さじ1 |
| みそ | 大さじ½ |
| 砂糖 | 小さじ1 |
| すり白ごま | 大さじ1 |

1) さやいんげんは両端を切り落とし、2等分に切る。長ねぎ、しょうが、にんにくはみじん切りに切る。

2) フライパンにサラダ油小さじ1を中火で熱し、さやいんげんを炒める。火が通ったら取り出す。

3) フライパンにサラダ油小さじ1を中火で熱し、長ねぎ、しょうが、にんにくを炒める。香りが出たらひき肉を加えて炒める。

4) ひき肉に火が通ったら2)のいんげんとAを加え、1分炒める。

# セ ロ リ

*Celery*

1本 = 100g

CHAPTER 5 ── 花・茎・豆野菜のレシピ

オールマイティ

サラダ

## 葉

香りの強いセロリの葉は、洋風の煮込みを作るときに肉や魚の臭み消しに使えます。細かく刻んで生のままサラダや和えものに。パラリと炒めてふりかけにするのもおすすめです。

## 茎

繊維質が多いセロリは、筋を取ると食べやすくなります。筋を取るのが面倒なら、斜め薄切りにすると気にならずに食べられます。

白だしと酢で失敗なし

( 1食材 )

# セロリの浅漬け

茎

【 材料 ● 作りやすい分量 】

**セロリ**……… 1本
白だし……… 大さじ1
酢 ……… 大さじ1

1) セロリは斜め薄切りにする。
2) 全ての材料をポリ袋に入れ、冷蔵室に
　 30分以上置き、味をなじませる。(冷蔵
　 で4日間保存可)

セロリを中華味に。
炒めることでクセが和らぎます

( フライパン )

# セロリとハムの
# 黒こしょう炒め

茎

【 材料 ● 2人分 】

**セロリ**……………… 1本
ハム ……………… 4枚
サラダ油 ……………… 小さじ1
┌ 酒 ……………… 大さじ1
│ みりん ……………… 大さじ1
A│ オイスターソース ……… 小さじ1
│ しょうゆ ……………… 小さじ1
└ 黒こしょう ……………… 少々

1) セロリは斜め薄切りにする。ハムは細切
　 りにする。
2) フライパンにサラダ油を中火で熱し、1)
　 を炒める。火が通ったらAを加え、汁け
　 がなくなるまで炒める。

パクチーのようにセロリの葉を使って
アジアンテイストのおかずに

( 電子レンジ )

# セロリの葉とささみの和えもの　葉

### 【 材料 ● 2人分 】

| | |
|---|---|
| **セロリの葉** | 1本分 |
| 鶏ささみ（筋を取る） | 100g |
| 酒 | 小さじ1 |
| ┌ しょうゆ | 小さじ1 |
| │ レモン汁 | 小さじ1 |
| A 砂糖 | 小さじ½ |
| └ 塩 | 少々 |

1) セロリの葉はせん切りにする。

2) 耐熱容器にささみを入れ、酒をかけて
   ラップをふんわりかける。電子レンジで
   3分加熱し、粗熱が取れたら食べやすく
   ほぐす。

3) ボウルに1)、2)、Aを入れて和える。

# もやし
*Bean Sprouts*

☞ 1袋＝200g

家計に優しいもやし。炒めるだけではもったいない！
淡白な味なので、どんな味つけとも相性がよいです。

CHAPTER 5 ── 花・茎・豆野菜のレシピ

カレー粉としょうゆがいい仕事をします

〔 1食材 〕

## もやしの
## カレーピクルス

【 材料 ● 作りやすい分量 】

もやし ────────── 1袋

A
┌ すし酢 ────────── 大さじ2
│ 砂糖 ───────────── 小さじ1
│ カレー粉 ────────── 小さじ½
└ しょうゆ ────────── 小さじ½

糸唐辛子 ────────── 適宜

1) もやしはさっと洗って水けをきらずに
   耐熱容器に入れ、ラップをふんわりか
   けて電子レンジで1分40秒加熱する。

2) 1)の水けをきってAで和え、あれば糸
   唐辛子をのせる。(冷蔵で4日間保存可)

──── ( もやしの保存テク ) ────

日持ちのしないもやしをできるだけ長くおいしく食べる保存テクです。

保存容器にもやしを入
れ、かぶるくらい水を注
いで保存。2日に1回水
をかえれば7日ほど持ち
ます。

加熱調理して保存。塩分の濃
さにもよりますが、清潔な保
存容器に入れて冷蔵保存すれ
ば4日ほど持ちます。

もやしのイメージが変わる一品。
ご飯にのせて食べたい副菜です

人気　（ 1食材 ）

# もやしの佃煮

【 材料 ● 作りやすい分量 】

もやし────────1袋
しょうが────────1かけ
のり（全型）────────½枚

A
┌ しょうゆ────────大さじ2
│ みりん────────大さじ2
│ 酒────────大さじ2
└ 砂糖────────大さじ1

1) しょうがはせん切りにする。のりはひ
   と口大にちぎる。
2) 鍋にもやし、しょうが、のり、Aを入
   れて中火にかけ、汁けがなくなる直前
   まで煮る。（冷蔵で5日間保存可）

フライパンでしっかり炒めたような味わい

（ 電子レンジ ）

# 麻婆もやし

【 材料 ● 2人分 】

もやし──── 1袋
豚ひき肉─── 200g
小ねぎ──── 適量
（小口切り）
糸唐辛子─── 適量

A
┌ みそ────────大さじ1
│ 酒────────大さじ1
│ しょうゆ────────小さじ1
│ 豆板醤────────小さじ1
│ 砂糖────────小さじ1
│ おろししょうが────────小さじ1
│ おろしにんにく────────小さじ1
└ ごま油────────大さじ1

1) ボウルにひき肉とAを入れて混ぜる。
2) 耐熱容器にもやしを入れて1)をのせ、
   ラップをふんわりかけ、電子レンジで
   5〜6分加熱する。
3) 2)をよく混ぜて器に盛り、小ねぎと糸
   唐辛子を添える。

# MY FAVORITE

私のお気に入り

### 調味料編

おいしそうな調味料を見つけると、使ってみたくなります。
今までいろいろな調味料を試しましたが、
特に気に入っている3アイテムを紹介します。

### みりん

**「東肥赤酒」瑞鷹**

熊本県で古くから造られている褐色のお酒をみりん代わりに使っています。料理教室で教えてもらいました。料亭でも使われているそうで、赤酒を料理に加えるだけで、ふっくらとした優しい甘みに仕上がります。

### 白だし

**フンドーキン**

フンドーキンは大分県にあるしょうゆやみそなどのメーカーです。この白だしはもともと母が使っていました。他の白だしも試しましたが、しっかりとだしがきいているところが好きで、この商品に落ち着きました。

### すし酢

**ミツカン**

すし飯作りだけでなく、サラダのドレッシングや漬けもの、和えものなどの酸味づけに重宝しています。スーパーなどで手軽に購入できてうまみが豊かな、ミツカン製の昆布だし入りのものを好んで使っています。

# CHAPTER 6

Enoki, Eryngii, Shiitake, Shimeji, Nameko, Maitake, Mushroom

きのこのレシピ

# え の き た け

*Enoki*

🍶 1袋 =100g 1袋（大）= 200g

そのまま食べるだけでなく、かさ増し食材としても優秀。
キッチンばさみでザクザクと切ればまな板いらずです。

【 1食材 】

## レ ン ジ で な め た け

豆腐にのせたり、
青菜と和えてもおいしい

【 材料 ● 作りやすい分量 】

えのきたけ……200g

A ┌ みりん………大さじ1
　└ しょうゆ………小さじ1

1) えのきたけは根元を切り落として3等分に
　切り、耐熱ボウルに入れる。

2) 1)にAを加えてラップをふんわりかけ、電
　子レンジで4分加熱する。（冷蔵で3日間
　保存可）

👑
人気  【 フライパン 】

## え の き ナ ゲ ッ ト

きのこ嫌いの子どもが
食べてくれました

【 材料 ● 2人分 】

えのきたけ………200g
ツナ缶………1缶(80g)
（オイル缶。油をきる）
コーン………50g
揚げ油………適量
トマト………適量
ケチャップ

A ┌ マヨネーズ…大さじ2
　│ 小麦粉………大さじ2
　│ 片栗粉………大さじ1
　│ 塩………少々
　└ こしょう………適量

1) えのきたけは根元を切り落としてみじん切
　りにする。ツナはほぐす。

2) 1)、コーン、Aを混ぜてひと口大に丸め、
　平らにする。

3) フライパンの深さ1cmまで揚げ油を注いで
　180℃に熱し、片面3分ずつ揚げる。

4) 器に3)を盛り、ケチャップを添える。

【 電子レンジ 】

# えのきたけの中華サラダ

春雨サラダの春雨を
えのきたけで代用

【 材料 ● 2人分 】

| えのきたけ | 200g | | 酢 | 大さじ1 |
|---|---|---|---|---|
| きゅうり | 1本 | | しょうゆ | 大さじ1 |
| ハム | 4枚 | | ごま油 | 小さじ½ |
| ミニトマト | 2個 | A | 砂糖 | 大さじ½ |
| | | | 顆粒鶏がらスープの素 | 小さじ½ |
| | | | 炒り白ごま | 大さじ1 |

1) えのきたけは根元を切り落としてほぐし、耐熱容器に入れる。ラップをふんわりかけ、電子レンジで3分加熱する。
2) きゅうり、ハムはせん切りにする。ミニトマトは4等分に切る。
3) えのきたけの粗熱を取り、2)とAを加えて混ぜる。

【 フライパン 】

# ハッシュドえのきたけ

ハッシュドポテトの
えのきたけバージョン

【 材料 ● 2人分 】

| えのきたけ | 200g | | シュレッドチーズ | 100g |
|---|---|---|---|---|
| ベーコン（ハーフサイズ） | 4枚 | A | 片栗粉 | 大さじ2 |
| サラダ油 | 大さじ1 | | 塩 | 少々 |
| パセリ(みじん切り) | 適量 | | こしょう | 適量 |

1) えのきたけは根元を切り落としてみじん切りにする。ベーコンもみじん切りにする。
2) フライパンに1)とAを入れて混ぜ、丸く平らに広げる。鍋肌からサラダ油を注いで中火にかけ、3分焼く。
3) 2)の周りがカリッと焼けたら、ひっくり返して3分焼く。
4) 3)を食べやすく切って器に盛り、パセリをのせる。

# エリンギ

*Eryngii*

1 パック =100g

切り方がワンパターンになりがちですが、輪切り、乱切り、せん切りなど
いろいろな切り方で食感や味わいが変わります。

輪切りにすると「あわび」のような食感に

( 1 食材 )

## エリンギのオイスター煮込み

【 材料 ● 2 人分 】

**エリンギ**················1 パック

A ┌ オイスターソース··········大さじ 1
 │ 水·····················大さじ 1
 └ 顆粒鶏がらスープの素·····小さじ ½

1) エリンギは 5 mm幅の輪切りにする。

2) 耐熱ボウルに1)とAを入れてラップを
　 ふんわりかけ、電子レンジで 1 分加熱
　 する。

【 フライパン 】

# エリンギえびマヨ

【 材料 ● 2人分 】

| | |
|---|---|
| **エリンギ** | 1パック |
| むきえび | 10尾 |
| 片栗粉 | 適量 |
| 揚げ油 | 適量 |

A
- マヨネーズ　大さじ2
- トマトケチャップ　大さじ2
- おろしにんにく　小さじ½
- 砂糖　小さじ½
- 塩　ひとつまみ

1) エリンギは乱切りにする。
2) 1)とえびに片栗粉をまぶす。フライパンの深さ1cmまで揚げ油を注いで170℃に熱し、片面2分ずつ揚げる。
3) ボウルにAを混ぜ、2)を加えて絡める。

乱切りにすることで、ボリュームが出ます

調味料いらず。さきいかの塩分とうまみでエリンギがおいしく！

【 フライパン 】

# エリンギと
# さきいかの炒めもの

【 材料 ● 2人分 】

**エリンギ** … 1パック
さきいか … 20g

1) エリンギはせん切りにする。さきいかは食べやすく割く。
2) フライパンを中火で熱し、油を引かずに1)を2分炒める。

# し い た け

*Shiitake*

1パック =100g　1個 =15g

肉厚なしいたけを見つけたら、しいたけだけでおかずにしませんか？
水分を飛ばすように調理すると、うまみが凝縮されます。

削り節で香ばしい風味をプラス

（トースター）

## しいたけの マヨトースト

【 材料 ● 2人分 】

しいたけ —— 6個
マヨネーズ —— 適量
A┌ 削り節 —————— ½袋（1g）
　└ 塩 ——————— 適量

1) しいたけは軸を取り、かさの裏にマヨネーズを1周絞り出し、**A**をかける。
2) 1)をトースターで3〜4分焼く。

レンジ調理でハードルをぐんと下げました

（1食材）

## しいたけの甘煮

【 材料 ● 作りやすい分量 】

しいたけ— 8個
酒 ————— 大さじ1
しょうゆ —— 大さじ1
みりん —— 大さじ1
砂糖 ——— 小さじ2

1) しいたけは軸を取る。
2) 全ての材料を耐熱容器に入れてラップをふんわりかけ、電子レンジで3分加熱する。（冷蔵で3日間保存可）

# しいたけフライ

【 材料 ● 2人分 】

| | | | |
|---|---|---|---|
| しいたけ | 5個 | パン粉 | 適量 |
| A ┌ 小麦粉 | 大さじ4 | 揚げ油 | 適量 |
|     ├ 水 | 大さじ4 | 塩 | 適量 |
|     └ マヨネーズ | 大さじ2 | | |

1) しいたけは軸を取り、半分に切る。

2) ボウルに A を入れて混ぜ、1)に絡めてパ
ン粉をまぶす。

3) 鍋の深さ3cmまで揚げ油を注いで180℃
に熱し、2)を入れて片面2分ずつ揚げる。

4) 器に3)を盛り、塩を添える。

カリザク食感が最高。
揚げたてをぜひ食べて！

# しいたけと
# えびの肉巻き

【 材料 ● 2人分 】

| | | | |
|---|---|---|---|
| しいたけ | 10個 | 塩 | 適量 |
| むきえび | 10尾 | こしょう | 適量 |
| 豚バラ薄切り肉 | 10枚 | サラダ油 | 小さじ1 |
| (しゃぶしゃぶ用) | | | |

1) しいたけは軸を取る。かさの裏にえびを
のせ、豚肉で巻いて塩、こしょうをふる。

2) フライパンにサラダ油を中火で熱し、1)
を入れて片面3分ずつ焼く。

肉と魚介のダブル使いで、
しいたけのおいしさがアップ

# しめじ

*Shimeji*

1 パック =100g

油を使わずに焼くと、うまみがぎゅっと凝縮します。
石づきを取ってバラバラにして保存すると使いやすいです。

カレー粉とマヨのコクで大満足

1 食材

## しめじのマヨカレー炒め

【 材料 ● 2人分 】

| | |
|---|---|
| **しめじ** | 1パック |
| サラダ油 | 小さじ1 |
| A{ マヨネーズ | 大さじ1 |
| カレー粉 | 小さじ1 |
| しょうゆ | 小さじ1 |
| 塩 | 適量 |

1) しめじは石づきを取って、小房に分ける。

2) フライパンにサラダ油を中火で熱し、
   1)を2〜3分炒める。火が通ったら**A**
   を加え、さらに1分炒める。

# きのこと蒸し鶏の ごまポンサラダ

# チキンソテー しめじソース

焦げ目がつくまで我慢するといい味に

しめじをみじん切りにしてソースに

【 材料 ● 2人分 】

| しめじ | 1パック |
|---|---|
| まいたけ | 1パック |
| 鶏むね肉 | 100g |
| 酒 | 大さじ1 |

A ┌ すり白ごま ――― 大さじ2
　├ ポン酢しょうゆ ―― 大さじ2
　├ ごま油 ――――― 大さじ1
　└ 塩 ―――――――― 少々

1) しめじとまいたけは石づきを取り、ほ
ぐす。フライパンに並べて中火にかけ、
焦げ目がつくまでじっくり焼く。

2) 鶏肉はそぎ切りにする。耐熱ボウルに
入れて酒をふり、ラップをふんわりか
けて電子レンジで3分加熱する。鶏肉
を裏返して再びラップをかけ、2分加
熱する。粗熱が取れたらほぐす。

3) ボウルにAを入れて混ぜ、1)と2)を加
えて混ぜる。

【 材料 ● 2人分 】

| しめじ | 1パック |
|---|---|
| 鶏むね肉 | 1枚 |

A ┌ 酒 ――――――― 大さじ1
　├ 塩 ――――――― 小さじ⅓
　└ こしょう ――――― 適量
　　片栗粉 ――――― 適量
　　サラダ油 ――――― 大さじ1

B ┌ バター ―――――― 10g
　├ 酒 ――――――― 大さじ2
　├ しょうゆ ――――― 大さじ2
　└ みりん ――――― 大さじ2

1) しめじは石づきを取り、みじん切りに
する。

2) 鶏肉は皮を取ってそぎ切りにし、Aを
もみ込んで片栗粉をまぶす。

3) フライパンにサラダ油を中火で熱し、
2)を片面3分ずつ焼き、器に盛る。

4) 3)のフライパンに1)とBを入れ、しめ
じがしんなりするまで炒める。3)の鶏
肉にかける。

# なめこ

*Nameko*

1袋 = 100g

汁ものの定番ですが、炒めたり揚げたりすることで立派な一品になります。
袋のまま冷凍できるので、我が家では常備しています。

揚げるとぬめりが減り、
初めての味に出会えます

人気

( 1食材 )

## なめこのから揚げ

【 材料 ● 2人分 】

| | |
|---|---|
| なめこ | 1袋 |
| 顆粒鶏がらスープの素 | 小さじ1 |
| 片栗粉 | 大さじ2 |
| 揚げ油 | 適量 |
| 塩 | 適量 |
| こしょう | 適量 |
| パセリ | 適宜 |

1) なめこはキッチンペーパーで水けをよくふき取る。

2) 1)と顆粒鶏がらスープの素をポリ袋に入れてなじませ、片栗粉を大さじ1ずつ2回に分けて加え、全体にまぶす。

3) 鍋の深さ3㎝まで揚げ油を注いで180℃に熱し、2)を5分揚げる。

4) 3)に塩、こしょうをふり、あればパセリをちぎってのせる。

寒い季節にも楽しめる一品。
揚げ玉のカリカリがアクセント

# なめこおろし煮

【 材料 ● 2人分 】

| | |
|---|---|
| **なめこ** | 1袋 |
| 大根おろし | 100g |
| めんつゆ | 大さじ3 |
| （2倍濃縮タイプ） | |
| みりん | 大さじ1 |
| A ┌ 揚げ玉 | 大さじ1 |
| └ 小ねぎ(小口切り) | 適量 |

1) 大根おろしは水けをきり、A以外の材料を小鍋に入れて中火にかける。煮立ったら3分煮る。
2) 器に1)を盛り、Aをのせる。

なめこで炒めもの？と驚かれます。
バターとの相性もいいんです

# なめこの
# バターソテー

【 材料 ● 2人分 】

| | |
|---|---|
| **なめこ** | 1袋 |
| バター | 10g |
| A ┌ めんつゆ | 小さじ1 |
| （2倍濃縮タイプ） | |
| └ しょうゆ | 小さじ½ |
| 小ねぎ(小口切り) | 適量 |

1) フライパンを中火で熱し、バターを溶かしてなめこを炒める。火が通ったらAを加え、汁けがほとんどなくなるまで炒める。
2) 器に1)を盛り、小ねぎをのせる。

# まいたけ

*Maitake*

☞ 1 パック =100〜120g

きのこの中でもうまみが豊かなまいたけ。煮ても焼いてもおいしいですが、
特に炊き込みご飯と天ぷらは、まいたけのうまみをしっかり感じられるのでおすすめです。

天ぷら粉がなくてもサクサク

（ 1 食材 ）

## まいたけの天ぷら

【 材料 ● 2 人分 】

| まいたけ | 120g | A | 小麦粉 | 大さじ2 |
|---|---|---|---|---|
| 揚げ油 | 適量 | | 片栗粉 | 大さじ1 |
| ごま油 | 大さじ2 | | マヨネーズ | 大さじ1 |
| 塩 | 適量 | | 水 | 大さじ3 |

1) まいたけは食べやすい大きさに割く。
2) A はよく混ぜ、1) を絡める。
3) フライパンの深さ 1 ㎝まで揚げ油を注ぎ、ごま油も加えて 180℃に熱し、2)を入れ、片面 2 分ずつ揚げる。
4) 器に 3) を盛り、塩を添える。

まいたけが具にも
ソースにもなります

（ フライパン ）

## まいたけとさけの
## バタポン炒め

【 材料 ● 2 人分 】

| まいたけ | 120g | こしょう | 少々 |
|---|---|---|---|
| 生ざけ | 200g | バター | 10g |
| 塩 | 少々 | ポン酢しょうゆ | 大さじ2 |

1) まいたけは食べやすい大きさに割く。さけは塩、こしょうをふる。
2) フライパンにバターを中火で溶かし、さけとまいたけを焼く。
3) さけに火が通ったらポン酢しょうゆを加え、全体に絡めながら汁けがなくなるまで炒める。

のりが味に深みを出します。
一度食べると「また作って」とリクエストされます

人気　炊飯器

# まいたけのりご飯

【 材料 ● 4人分 】

| | |
|---|---|
| **まいたけ** | 120g |
| 米 | 2合 |
| 油揚げ | 1枚 |
| のり（全型） | 1枚 |
| A [ 白だし | 大さじ3 |
| 塩 | 小さじ⅓ |
| 小ねぎ(小口切り) | 適量 |

1) 米は洗って30分ほど浸水させ、水けを
　きる。

2) まいたけは食べやすい大きさに割く。油
　揚げはみじん切りにする。のりは1cm四
　方にちぎる。

3) 炊飯器の内釜に1)とAを入れ、2合の
　目盛りまで水を入れる。2)も加えて普
　通に炊く（鍋で炊く場合は水360〜
　370㎖）。器に盛り、小ねぎをのせる。

# マッシュルーム

*Mushroom*

1パック=150g　1個=10g

生で食べられるきのこです。薄くスライスしてサラダにするのがおすすめ。
コロンとした形を生かして調理するのも楽しいです。

( 1食材 )

## マッシュルームサラダ

【 材料●2人分 】

**マッシュルーム**… 5個

A
- オリーブオイル … 大さじ1
- 粉チーズ ……… 大さじ1
- レモン汁 ……… 大さじ½
- 塩 …………… 小さじ⅓

黒こしょう ……… 適量

1) マッシュルームはキッチンペーパー
　で汚れをふき、薄切りにする。

2) ボウルに **A** を入れて混ぜ、1)を和え
　る。器に盛り、黒こしょうをふる。

レストラン風のサラダで
気分が上がります

マッシュルームのかさに詰めて焼くだけ。
おいしさに幸せ度がアップ！

自宅にある調味料でささっと

（トースター）

# スタッフド
# マッシュルーム

【 材料 ● 2人分 】

**マッシュルーム** ─ 6個
ベーコン ─────── 2枚
（ハーフサイズ）

にんにく ──────── 1かけ

塩 ─────────── 少々
こしょう ─────── 適量
オリーブオイル ── 大さじ1

1) マッシュルームは軸を取る。
2) マッシュルームの軸、ベーコン、に
   んにくをみじん切りにし、塩、こしょ
   うと混ぜる。
3) 2)をマッシュルームのかさに詰め、
   天板に並べてオリーブオイルをか
   け、トースターで7分焼く。

（フライパン）

# マッシュルームの
# ケチャップ煮

【 材料 ● 2人分 】

**マッシュルーム** ────── 6個
豚ヒレかたまり肉 ── 100g
サラダ油 ───────── 小さじ1
塩 ─────────────── 少々
こしょう ──────────── 少々
A ┌ トマトケチャップ ── 大さじ1
  ├ 中濃ソース ─────── 大さじ1
  └ おろしにんにく ──── 小さじ1

1) マッシュルームは半分に切り、豚肉
   は1.5㎝幅に切る。
2) フライパンにサラダ油を中火で熱
   し、1)を入れ、塩、こしょうをして
   炒める。豚肉に火が通ったら、A を
   加えて全体に絡める。

# LUNCH BOX

お弁当と野菜のおかず

ズッキーニ
ハンバーグ弁当

キャロットラペ
p.032

ピーマン
ふりかけ

キャベツと
わかめの
ポン酢和え
p.083

さつまいもと
ささみの
甘辛炒め
p.052

ご飯
ご飯を詰めてのりを
敷いてから、おかず
をのせています。

ズッキーニハンバーグ
（ズッキーニミートボールでも）
p.124

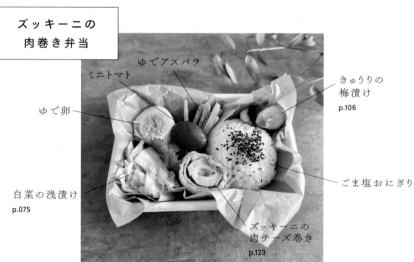

ズッキーニの
肉巻き弁当

ゆでアスパラ

ミニトマト

きゅうりの
梅漬け
p.106

ゆで卵

ごま塩おにぎり

白菜の浅漬け
p.075

ズッキーニの
肉チーズ巻き
p.123

夫のお弁当を週に5日作っています。日によって
まちまちですが、おかずの数は4〜5品。その
うち3〜4品は野菜のおかずです。野菜は意識し
ないとなかなか摂れないので、できるだけ多めに
詰めるようにしています（この本で紹介している
レシピも、日々活用しています！）。栄養面はも
ちろんのこと、見た目もおいしそうなお弁当にな
ります。「◎◎◎◎はおいしかった」「××××は
もう少し味が薄いといいね」など、夫の正直な感
想を次のレシピに生かしています。

# CHAPTER 7

Perilla, Radish Sprouts, Ginger, Japanese Parsley, Japanese Ginger

香味野菜のレシピ

# 大葉

*Perilla*

10 枚 =7g

薬味だけに使うのはもったいない！ いろいろな調理で少しずつ毎日とりましょう。
特に暑い季節はさっぱりとして食べやすく、夏バテ予防にもなります。

---

（電子レンジ）

## 大葉ふりかけ

【 材料 ● 作りやすい分量 】

**大葉**────── 20 枚

A
削り節──────1袋（2g）
炒り白ごま──── 大さじ1
塩────── 小さじ⅓

1）　大葉は洗い、キッチンペーパーで水け
　　をよくふき取る。

2）　耐熱皿にクッキングシートを敷き、大
　　葉が重ならないように広げる。ラップ
　　をかけずに電子レンジ で1分加熱す
　　る。残りの大葉も同様に加熱する。

3）　ボウルに2)を砕いて入れ、**A**と混ぜる。
　　（冷蔵で5日間保存可）

パリパリにした大葉に
削り節を混ぜてふりかけに

---

（フライパン）

## 大葉チップス

【 材料 ● 作りやすい分量 】

**大葉**────── 10 枚

ライスペーパー──── 5枚

揚げ油────────適量

塩────────適量

1）　大葉は洗う（水けはふかない）。ライ
　　スペーパーは1枚を4等分に切る。

2）　1)のライスペーパー1枚に大葉1枚を
　　のせ、もう1枚のライスペーパーを重
　　ねる。これを計10組作る。

3）　フライパンの深さ1㎝まで揚げ油を注
　　いで180℃に熱し、2)を片面1分ずつ
　　揚げる。

4）　器に3)を盛り、塩をふる。

ライスペーパーで大葉をはさんだ、
風味のよいお米のチップス

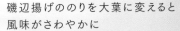

磯辺揚げののりを大葉に変えると
風味がさわやかに

あつあつご飯をくるりと包んで。
冷奴やサラダにも

（フライパン）

# ちくわの大葉揚げ

【 材料 ● 2人分 】

| | |
|---|---|
| **大葉** | 8枚 |
| ちくわ | 4本 |
| 天ぷら粉 | 大さじ3 |
| 水 | 大さじ3 |
| 揚げ油 | 適量 |

1) 大葉は洗い、キッチンペーパーで水け
   をよくふき取る。
2) ちくわは縦半分に切って1)で巻き、爪
   楊枝でとめる。
3) 天ぷら粉と水をボウルに入れて混ぜる。
4) フライパンの深さ1cmまで揚げ油を注
   いで180℃に熱し、3)に2)をくぐらせ
   て片面2分ずつ揚げる。爪楊枝を抜き、
   器に盛る。

人気 （1食材）

# ご飯が足りない！
# やみつき梅大葉

【 材料 ● 作りやすい分量 】

| | |
|---|---|
| **大葉** | 20枚 |
| 梅干し | 1個 |
| A ┌ ごま油 | 大さじ2 |
| ｜ めんつゆ（2倍濃縮タイプ） | 大さじ2 |
| ｜ すり白ごま | 大さじ2 |
| └ おろしにんにく | 小さじ1 |

1) 大葉は洗い、キッチンペーパーで水け
   をよくふき取る。
2) 梅干しは種を取り除き、果肉を包丁で
   細かくたたく。
3) 2)とAを混ぜ、大葉の表面にぬって重
   ね、味をなじませる。（冷蔵で3日間
   保存可）

# 貝 割 れ 大 根

*Radish Sprouts*

1 パック＝ 50g

価格が安定している優秀野菜。ピリッとした辛みが苦手なら、
だし汁やチーズ、マヨネーズと組み合わせることで格段にやわらぎます。

だしのしみた貝割れが気の利いた副菜に

⌒ 1食材 ⌒

## 貝 割 れ 大 根 の お ひ た し

【 材料 ● 2人分 】

| | 貝割れ大根 | 1パック |
|---|---|---|
| A | 水 | 大さじ3 |
| | 白だし | 小さじ1 |
| | しょうゆ | 小さじ1 |
| | みりん | 小さじ1 |
| | 削り節 | ½袋（1g） |

1) 貝割れ大根は根元を切り落とす。

2) 耐熱ボウルに1)とAを入れ、ラップをふん
わりかけ、電子レンジで1分30秒加熱する。

3) 器に2)を盛り、削り節をのせる。

にんにく風味のクリームチーズと
ほろ苦い貝割れがマッチ

# 貝割れ大根のクリチ
# にんにくじょうゆがけ

【 材料 ● 2人分 】

| | |
|---|---|
| **貝割れ大根** | 1パック |
| クリームチーズ（ポーションタイプ） | 2個 |

A
| | |
|---|---|
| しょうゆ | 小さじ2 |
| みりん | 小さじ½ |
| おろしにんにく | 小さじ½ |

1) 貝割れ大根は根元を切り落とし、器に盛る。
2) クリームチーズは5㎜角に切って**A**で和え、
1)にかける。

できたてがシャキシャキでおいしい！
めんつゆが味のアクセントに

# 貝割れ大根と
# ハムのサラダ

【 材料 ● 2人分 】

| | |
|---|---|
| **貝割れ大根** | 1パック |
| ハム | 4枚 |

A
| | |
|---|---|
| マヨネーズ | 大さじ1 |
| めんつゆ（2倍濃縮タイプ） | 小さじ1 |

1) 貝割れ大根は根元を切り落とす。ハムは細
切りにする。
2) ボウルに1)と**A**を入れ、和える。

# しょうが

*Ginger*

1個=100g　1かけ=10g

体を中から温めるには、しょうがが一番です。

漬けものやふりかけなど、常備菜を作っておくと、毎日、無理なくとれます。

梅干しの酸味としょうがの辛みが
後を引きます

( ポリ袋 )

## 紅しょうが風梅漬け

【 材料 ● 作りやすい分量 】

**しょうが** ──── 100g
梅干し ──── 2個
酒（煮きる）──── 大さじ3
塩 ──── 小さじ¼

1) しょうがは皮をむいてせん切りにする。梅干しは種を取り除き、果肉を包丁で細かくたたく。

2) ポリ袋に全ての材料を入れて混ぜ、冷蔵室に30分以上置いて味をなじませる。（冷蔵で5日間保存可）

( フライパン )

## おかずしょうが

【 材料 ● 作りやすい分量 】

**しょうが** ──── 100g
鶏ひき肉 ──── 100g
酒 ──── 大さじ3
みりん ──── 大さじ2
しょうゆ ──── 大さじ1

1) しょうがは皮をむいてみじん切りにする。

2) 全ての材料をフライパンに入れて中火にかけ、汁けがなくなるまで炒める。（冷蔵で5日間保存可）

うちの定番常備菜。
ご飯のお供や豆腐にのせて食べています

( 1食材 )

# レモンガリ

【 材料 ● 作りやすい分量 】

| | | |
|---|---|---|
| **しょうが** | 100g | |
| すし酢 | 大さじ2 | |
| A 砂糖 | 大さじ1 | |
| レモン汁 | 大さじ½ | |
| 塩 | ひとつまみ | |

1) しょうがは皮をむいてスライサーで薄切りにする。熱湯で1分ゆでて粗熱を取り、水けを絞る。

2) 1)とAをポリ袋に入れてもみ、冷蔵室に30分以上置いて味をなじませる。（冷蔵で5日間保存可）

レモン風味のさっぱりとしたガリ。
新しょうがでなくても作れます

# 三つ葉

*Japanese Parsley*

1袋 =60g

さわやかな風味が料理のアクセントになります。
彩りや薬味だけでなく、おかずの具材としても活躍します。

三つ葉の香りが口いっぱいに広がる絶品チヂミ

フライパン

## 三つ葉としめじのチヂミ

【 材料 ● 2人分 】

| | | |
|---|---|---|
| **三つ葉** | 1袋 | |
| しめじ | ½パック | |
| A | 卵 | 1個 |
| | 小麦粉 | 大さじ2 |
| | 片栗粉 | 大さじ2 |
| サラダ油 | 大さじ1 | |
| B | ポン酢しょうゆ | 大さじ1 |
| | ごま油 | 小さじ1 |
| | すり白ごま | 適量 |

1) 三つ葉は3cm長さに切る。しめじは石づきを取ってほぐす。

2) ボウルに1)とAを入れて混ぜる。

3) フライパンにサラダ油を中火で熱し、2)をフライパンいっぱいに丸く広げて入れ、両面をこんがり焼く。

4) 3)を食べやすく切って器に盛り、Bを混ぜて添える。

### 三つ葉の和風ナムル

（1食材）

そのまま食べても、
焼き肉や豆腐のトッピングにも

【 材料 ● 作りやすい分量 】

三つ葉……………………1袋
ごま油……………………小さじ1
めんつゆ（2倍濃縮タイプ）……小さじ1
おろしにんにく……………小さじ½
顆粒鶏がらスープの素……小さじ½

1) 三つ葉は3cm長さに切る。
2) ボウルに全ての材料を入れて和える。
（冷蔵で2日間保存可）

### 三つ葉の卵焼き

（フライパン）

卵焼きに三つ葉を入れると
茶碗蒸しのような味わいに

【 材料 ● 2人分 】

三つ葉……………⅓袋（2株）
卵…………………3個
A ┌水………………大さじ3
　├白だし…………大さじ1
　└片栗粉…………小さじ½
サラダ油…………大さじ1

1) 三つ葉は粗みじんに切る。
2) ボウルに卵を割り入れ、溶きほぐす。
Aを加え、片栗粉がダマにならないようしっかり混ぜる。三つ葉を加え、さらに混ぜる。
3) 卵焼き器にサラダ油を中火で熱し、2)を3回に分けて巻きながら焼く。食べやすく切って器に盛る。

# みょうが

*Japanese Ginger*

🥢 1個 = 20g

薬味として使うことが多いみょうがですが、意外にもボリュームのあるおかずが
作れます。ほろ苦さを生かした味つけにするのがポイント。

( 1食材 )

## みょうがの甘酢漬け

【 材料 ● 作りやすい分量 】

**みょうが**········4個
すし酢········大さじ2
砂糖········小さじ1
塩········ひとつまみ

1) みょうがは縦半分に切る。

2) ポリ袋に全ての材料を入れ、冷蔵室に
   30分以上置き、味をなじませる。（冷蔵
   で5日間保存可）

甘酸っぱくてほろ苦くて
クセになる味

( フライパン )

## みょうがのごま油炒め

【 材料 ● 2人分 】

**みょうが**········4個
ごま油········小さじ1
A ┌ しょうゆ········小さじ1
  │ 酒········小さじ1
  │ 塩········少々
  └ 炒り白ごま········小さじ1
削り節········適量

1) みょうがはせん切りにする。

2) フライパンにごま油を中火で熱し、みょ
   うがを炒める。しんなりしたらAを加え
   て絡める。器に盛り、削り節をかける。

おつまみにも
ご飯のお供にもなります

豚肉がみょうがの苦みと食感を引き立てます

フライパン

# みょうがの肉巻き

【 材料 ● 1人分 】

| | |
|---|---|
| **みょうが** | 3個 |
| 豚ロース薄切り肉 | 3枚 |
| 塩 | 少々 |
| サラダ油 | 小さじ1 |
| A ┌ 酒 | 大さじ1 |
| └ めんつゆ（2倍濃縮タイプ） | 大さじ1 |

1) みょうが1個につき豚肉1枚で巻き、塩をふる。

2) フライパンにサラダ油を中火で熱し、1)を並べて焼く。焼き色がついたらふたをして、蒸し焼きにする。

3) 肉に火が通ったら**A**を加えて絡め、汁がなくなるまで炒める。食べやすく切って器に盛る。

著者　miki

野菜料理研究家。料理系インフルエンサー。「家に余っている野菜だけで、どこか新しい料理を10分でつくる」をモットーに300以上のレシピを考案。1食材だけでも驚きの味になり、栄養満点で、家族の幸せにつながるレシピにファンも多く、Instagramのフォロワーは、開設から1年ちょっとで10万人に（2023年12月7日現在）。

@miki_kitchen2022

# どんな野菜も10分で新しい味になる

# 野菜のレシピ事典

2024年1月6日　初版発行

著　者　　miki
発行者　　山下 直久
発　行　　株式会社KADOKAWA
　　　　　〒102-8177
　　　　　東京都千代田区富士見2-13-3
電　話　　0570-002-301（ナビダイヤル）
印刷所　　TOPPAN株式会社
製本所　　TOPPAN株式会社

●お問い合わせ
https://www.kadokawa.co.jp/
（「お問い合わせ」へお進みください）
※内容によっては、お答えできない場合があります。
※サポートは日本国内のみとさせていただきます。
※Japanese text only

定価はカバーに表示してあります。